SAINT-TROPEZ

W0385510

Ook verschenen van Kiki van Dijk bij Xander Uitgevers

Zeevlam (2014)
Ibiza (2016)
Ibiza – De erfenis (2017)
Lech (2017)
Pisa (e-book, 2018)
Bali (2018)
Nice (2019)
Barça (e-book, 2019)
Winterberg (2019)
Tarifa (2020)
Gstaad (2020)
Vlieland (2021)
Parijs (2021)
Florence (2022)
Londen (2022)

KIKI VAN DIJK

Saint-Tropez

XANDER

Uitgegeven door Xander Uitgevers BV
www.xanderuitgevers.nl

Omslagontwerp: Studio Marlies Visser
Omslagbeeld: Getty Images
Auteursfoto: Sandy Verhoeve
Zetwerk: Michiel Niesen, ZetProducties

Copyright © 2023 Kiki van Dijk en
Xander Uitgevers BV, Haarlem

Eerste druk 2023

ISBN 978 94 0161 978 3 | NUR 332

Deze uitgave kwam tot stand door bemiddeling van Sebes & Bisseling
Literair Agentschap te Amsterdam.

De uitgever heeft getracht alle rechthebbenden te traceren. Mocht u desondanks menen rechten te kunnen uitoefenen, dan kunt u contact opnemen met de uitgever.

Niets uit deze uitgave mag openbaar worden gemaakt door middel van druk, fotokopie, internet of op welke andere wijze ook, zonder voorafgaande schriftelijke toestemming van de uitgever.

Voor Benk, in zijn kern een historicus

De geschiedenis van een mens is zijn karakter.
– Johann Wolfgang von Goethe

Marseille, 2022

Het warme water stroomde over haar handen. Opnieuw wreef ze haar armen, polsen, vingers en nagels in met zeep. Ze schrobde net zolang totdat het laatste restje bloed was verdwenen. Het gebeurde haar niet vaak dat bij het snijden een handschoen scheurde, maar ze was even afgeleid geweest en meteen had haar scalpel een gaatje in het rubber gemaakt.

'Hé, gaat het?'

Beau schrok en het water spatte alle kanten op. Snel duwde ze met haar elleboog de kraan dicht. '*Zut alors*, Adam, ik hoorde je niet aankomen.'

'Echt?' Adams zware lach galmde door de wasruimte. 'Zei je nou echt "zut alors"? Welk fossiel zegt dat nou nog? Het is de eenentwintigste eeuw hoor.'

'Fijn dat je me helpt herinneren. Ik twijfelde vanochtend namelijk nog even.' Ze duwde zijn brede lichaam opzij en pakte drie tissues. 'Dat tijdreizen blijft verwarrend.'

Adam deed een stap naar achter. 'Lieve Beau, je bent echt krankzinnig.'

'Dat valt niet te ontkennen.' Ze droogde haar handen af, maakte een prop van de handdoekjes en mikte op de prullenbak. In een keer raak. 'Daarom vind je me ook zo leuk.'

'Ook weer waar. Zeg, zullen we een hapje gaan eten?

Om het te vieren. Bij Cajou hebben ze een nieuwe kaart.'

Adam hield de deur voor haar open, Beau pakte snel haar tas en samen liepen ze de ziekenhuisgang op. Ze keek opzij naar Adams woeste krullen en in gedachten zag ze hem weer naast haar op de grond zitten in de spoelkeuken van haar moeders restaurant, omringd door natte doeken. 'Weet je nog die keer dat we handdoeken hadden gejat, en toen met lijm gips probeerden te maken?'

'Om de poot van jullie teckel te spalken toch? Hoe heette dat beest ook alweer… Shelly? Zaten we toen nog op de kleuterschool?' Adam knikte naar een verpleegkundige die een oude patiënt in een rolstoel voortduwde. 'O nee, Sunny was dat. Je moeder was woedend. Een groot fiasco, en die arme hond. Volgens mij hebben we toen urenlang de vloer moeten boenen.'

Beau knikte. 'Precies zo voelt het nu ook.'

'Wat? Zo'n chaos?' Adam drukte op het knopje van de lift. 'Dat akkefietje net op de snijzaal viel toch wel mee?'

'Ik was niet echt op mijn best.' Ze passeerden een overvolle wachtkamer. Patiënten hingen verveeld in hun stoel. 'Maar nee, het gaat meer om thuis. Het kaartenhuis stort daar volledig in.'

Adam wreef kort over haar arm. 'Het komt wel goed, gekkie. Je moeder is sterk.'

'Ik weet het deze keer niet zo zeker.'

De deur schoof open en ze stapten de overvolle lift in. Ze keken elkaar even recht aan en wisten allebei dat ze het gesprek pas buiten weer verder konden voeren. Als coassistenten konden ze het zich niet permitteren dat hun privésores als vette roddels het ziekenhuis rondgingen.

Beau leunde in de warme lift tegen de wand en sloot haar ogen. Ze had de hele dag practica gehad en tussendoor gestudeerd voor het tentamen interne geneeskunde. Ze zou zelfs staand kunnen slapen. Nog een paar dagen, dan was het vakantie en kon ze eindelijk op het strand liggen. Althans, voor een weekje, daarna zou het pas echt druk worden.

Na het belletje schoof de deur open en schuifelden de mensen uit de lift. Adam sloeg meteen een arm om haar heen. Ze voelde zijn spieren aanspannen. 'Kom op, ga mee. Ik trakteer.'

'Verleidelijk...' Ze schudde haar hoofd. 'Maar echt nee, dank je.'

'*Tant pis*.'

'Volgende keer, oké?' Ze liepen nu over de parkeerplaats richting de metrohalte. De zon brandde zelfs zo laat nog op haar bleke huid. 'Mijn moeder wil vanavond met ons uit eten. Ze wil iets bespreken.'

'Heb je het haar wel verteld?' vroeg hij.

'Over die beurs? Natuurlijk. Ze was extatisch.' De laaghangende zon reflecteerde op de roltrap van de metrohalte en ze knipperde. 'Mijn vader ook trouwens.'

'Dat begrijp ik, maar heb je echt álles verteld?'

'Nee.'

Adam liet haar meteen los. 'Beau, dat kun je niet maken.'

'Het leek nu niet gepast. Met alles wat er speelt.'

Ze stonden tegenover elkaar voor de roltrap. Als in een film stroomden de mensen vlak langs hen heen naar beneden. Sommigen keken nog even achterom naar Adam die wijdbeens en zichtbaar geïrriteerd tegenover haar stond, met zijn armen strak over elkaar. Alsof ze wilden checken of die grote donkere man niets kwaads in de zin had. Het onverhulde racisme irriteerde haar meteen.

Adam zuchtte. 'Je kan het onmogelijk verborgen houden.'

'Dat besef ik natuurlijk heel goed.'

'Maar je gaat wel!'

Ze knikte. 'Natuurlijk ga ik.'

'Vertel je het haar dan vanavond?'

'Misschien.' Beau ging op haar tenen staan en gaf Adam een kus op zijn wang. 'Ik moet gaan.'

'Ben je wel oké? Zal ik niet meelopen naar beneden?'

Ze lachte. 'Ik kan dit prima alleen. Ga jij lekker naar huis. Suus wil vast wel met je uit eten. Ik denk dat ze Cajou ook heel leuk zal vinden.'

Voordat Adam iets kon terug zeggen, draaide Beau zich om en stapte op de roltrap. Gelukkig schoot ze snel naar beneden. Ze ademde diep in en voelde de spanning langzaam uit haar buik verdwijnen. Het bleef lastig om te doen alsof ze slechts vrienden waren. Maar Adam was gelukkig met Suzanne, daar wilde ze niet tussen komen.

Het perron stond vol. Ze spotte al wat toeristen die zoekend naar de borden keken. Het was nog geen hoogseizoen, maar het leek alsof ze iedere zomer eerder naar Zuid-

Frankijk kwamen. Voor de rest waren het waarschijnlijk patiënten van de poli's en ze herkende ook wat collega's. Toen ze twee jaar geleden in het ziekenhuis begon, leek het haar eerst een onpersoonlijke fabriek. Zo groot, druk en veel lopendebandwerk. Maar ze was de laatste tijd van de georganiseerde chaos gaan houden en besefte nu ineens dat ze het de komende jaren best zou gaan missen.

Voorzichtig schuifelde ze wat verder over het perron, en zich excuserend probeerde ze meer vooraan te gaan staan. Ze wilde met de eerstvolgende metro mee, anders zou ze de bus naar Saint-Tropez missen. Haar moeder vond het onzin dat ze één keer per week drie uur met het openbaar vervoer reisde. Idioot natuurlijk, alsof ze een auto kon betalen.

Uiteindelijk bereikte ze de rand van het perron, en stond ze naast een kleine, brede vrouw die een grote plastic tas met dekens vasthield. Ze had zweetplekken op haar rug en hoewel Beau eigenlijk wilde vragen waarom ze met dit warme weer in vredesnaam dekens meezeulde, vroeg ze of ze haar kon helpen.

'Waarmee?' De vrouw had diepe groeven in haar gezicht en keek haar onderzoekend aan.

'Nou, met het tillen van die tas.'

Meteen trok de vrouw de dekens dichter tegen zich aan. 'Geen denken aan. Die is van mij.'

'Dat weet ik.' Beau probeerde zo vriendelijk mogelijk te glimlachen. Gelukkig zag ze de lichten van de metro al opdoemen. 'Maar hij lijkt me een beetje zwaar.'

De vrouw hield haar hoofd schuin en nam haar van top tot teen op. 'Hoe weet ik dat ik je kan vertrouwen?'

Het zijn maar dekens, wilde Beau uitroepen, maar ze zei: 'Ik ren er niet mee weg, hoor.'

Door het gedender van de naderende metro had de vrouw haar niet gehoord en ze boog zich naar haar toe. '*Quoi*?'

'Ik ren...' begon Beau opnieuw, maar ineens voelde ze een hand op haar schouder.

Meteen draaide ze zich om. 'Adam?'

Twee krachtige handen gaven haar een duw. Beau wankelde, probeerde haar evenwicht te herstellen, zette een stap en gleed met haar sneaker over de rand.

In haar val greep ze naar de tas, maar miste. Haar knieën knalden op de rails. Pijn schoot door haar hele lichaam. Mensen gilden.

Beau wilde om hulp roepen, maar haar stem leek verdwenen. Ze keek op, werd verblind door twee felle lichten.

Een toeter. Piepende remmen.

Beau rolde opzij, greep naar het perron, gleed weer weg en voelde het beton tegen haar handen schuren.

Een windvlaag.

Ze probeerde te staan, struikelde opnieuw.

'Help,' riep ze nu. 'Help me!'

Grijpende handen. Een knal. Fel wit licht, en toen werd alles zwart.

Saint-Tropez, dertien uur eerder

Sylvie schudde haar natte haren uit, sloeg de handdoek om en schoot in haar slippers. Ze hoorde een scheepshoorn en zag achter de oude havenmuur de eerste veerboot van de ochtend voorbijkomen. Deze ging naar Cannes, waar hij na anderhalf uur varen in de oude haven zou aanmeren. De tocht op zee was zoveel aangenamer dan de overvolle kustweg. Wat had ze vandaag graag aan boord gezeten en Saint-Tropez letterlijk uit haar vizier zien verdwijnen.

'*Bonjour*!' Ze zwaaide naar de kleine man die op de rand van de muur zat. '*Ça va*?'

'*Très bien, madame Meekes*,' riep Charles terug. Hij wierp opnieuw zijn hengel uit en staarde naar het water. In al die jaren had ze hem nog nooit een vis zien vangen.

De veerboot maakte nu golfjes die langzaam over haar tenen rolden. La ponche, dit ministrandje midden in de stad, werd omringd door eeuwenoude zandkleurige huizen met gietijzeren balkonnetjes en voelde als de bedstee bij haar grootouders. Ze kon zich er volledig in terugtrekken, afgesloten van de buitenwereld, maar toch nog met geluiden van de omgeving op de achtergrond. De perfecte plek om 's ochtends wakker te worden. En sinds kort om de hoek van Les Jumelles, haar restaurant dat aan de kop van de haven lag.

Ze zwom hier nooit lang, hooguit twintig minuten, maar vaak voldoende om de dag ontspannen te kunnen beginnen. Vandaag was dat echter totaal niet gelukt.

Sylvie rolde haar badpak omlaag, kleedde zich vlug aan en liep via het nog frisse, mulle zand de kade op. Opnieuw draaide ze zich om en maakte een selfie met de opkomende zon op de achtergrond. Ze plaatste hem direct op het insta-account van Les Jumelles en zette er #Freshstart-freshmenu onder. Het kon geen kwaad als de lui van Netflix zagen dat ze ook in het Engels postte.

Via de Rue des Pecheurs, waar de witte oleanders in bloei stonden en twee mannen over hun schaakbord zaten gebogen, liep ze verder de wirwar van steegjes in. Sommige voordeuren stonden open om de koelte van de ochtend binnen te laten. Ze hoorde een gezin aan de ontbijttafel ruziemaken, met flarden van het nieuws op *France3 Côte d'Azur* op de achtergrond. Het ging weer over de herinrichting van het havengebied en boze ondernemers riepen duidelijk hoorbaar dat ze ook vandaag voor het gemeentehuis zouden gaan demonstreren. Zou die vreselijke Jerome daar straks tussen staan te schreeuwen? Dan zou hij zeker nogmaals vragen om de sluiting van Les Jumelles.

Snel wandelde Sylvie door, alsof ze zo het nieuws kon negeren, en liep om de hoek direct de warme, kleffe geur van versgebakken stokbrood in. Gabriel stond al met zijn eerste sigaret van de dag bij de achterdeur te wachten. Zijn zwarte schort was wit van het meel en zijn petje hing scheef op zijn krullen.

'*Ma chérie*!' Gabriel keek op zijn horloge. 'Vijf minuten later vandaag. Waar is je routine gebleven?'

Sylvie gaf hem een duw in zijn zij. 'Ook goedemorgen.'

'Eigenlijk ben je precies op tijd. Ik heb net het zware werk al voor je gedaan.' Hij kreunde overdreven en wees naar de kleine witte bestelbus. 'Het brood ligt al achterin. Vijfenvijftig in totaal toch vandaag?'

Ze knikte. 'Heb je de drie *pains aux figues* er ook bij gedaan?'

'Waar zie je me voor aan? Als eerste!'

'Sorry.' Sylvie pakte zijn sigaret en nam een trekje. 'Ik ben misschien toch wel zenuwachtig… Althans, een beetje.'

'*Naturellement*!' Gabriel rolde met zijn ogen. 'Ik zou ook gek van de zenuwen zijn.'

'Maar ik heb normaal nooit stress.'

Hij pakte de sigaret weer over. '*Quelle surprise*. Zelfs nuchtere Hollanders kunnen spanning voelen hoor.'

'En dan is het nog maar de vraag hoe Nederlands ik eigenlijk ben.' Sylvie glimlachte flauwtjes naar haar beste vriend. Ze waren bijna even oud maar ondanks zijn rimpels en beginnende buikje, zag Gabriel er jonger uit. Het was vooral zijn blik, alsof hij altijd op het punt stond iets stouts te doen, waardoor hij niet ouder dan veertig leek.

'Voor ons wel. Niemand is hier een *natural blonde*.' Gabriel pakte haar hand. 'Maar vertel, kan ik je ergens mee helpen?'

Ze zuchtte. 'Ik krijg dat menu maar niet rond. Alles lijkt ineens zo overdreven. Te bedacht.'

'Heb jij eigenlijk wel geslapen?'

'Nauwelijks.'

'Ik zou ook geen oog dicht kunnen doen.'

'Maar wat denk jij? Heilbot? Of toch coquilles voor de tweede gang?'

Gabriel wreef over haar rug. 'Lieve schat, ik heb echt geen flauw idee.'

'Ik ook niet meer, ik twijfel ineens aan alles.'

'Nergens voor nodig,' klonk Louis' zware stem uit de bakkerij. 'En luister alsjeblieft niet naar mijn man. Die neuroot maakt het alleen maar erger.'

Gabriel gooide zijn peuk op de grond. 'Helemaal waar, ik ben volkomen nutteloos.'

Sylvie liep grinnikend met Gabriel mee de warme bakkerij in. Achter de marmeren tafel stond Louis met zweet op zijn bovenlip een enorme bal deeg te kneden. Gabriel gaf hem een kus op zijn kale hoofd en liep door naar de ovens achterin.

'Luister Sylvie,' begon Louis zonder op te kijken. 'We weten allemaal dat je een briljante chef bent. Geen enkel restaurant in de regio zit vijf dagen per week tot de nok vol. Het is dat je het zelf niet ambieert, anders had je natuurlijk allang een Michelinster gehad.' Hij gooide de bal twee keer hard op het marmer en kneedde verder. 'Waarom dan nu ineens die onzekerheid?'

Sylvie pakte een croissant en brak gedachteloos een stukje af. '*Chef's table*... Het gaat om miljoenen kijkers hè. Wereldwijd.'

'Nou en?' Louis strooide wat verse bloem over het deeg en kneedde verder. 'Is de mening van die ene gast die zich al de hele week verheugt op een perfecte langoustine bij jou niet veel belangrijker?'

'Zeker, alleen dan sta ik lekker anoniem in de keuken.' Ze brak nog een stuk croissant af. 'Zo'n camera recht op je neus. Die iedere handeling volgt, en dan ook nog eens elke fout uitvergroot op het scherm. Vreselijk toch? Vervolgens gaat iedereen er dan ook nog wat van vinden. Dan zit mijn haar ineens niet goed, of zou ik toe zijn aan een facelift.'

Louis barstte in lachen uit. '*Incroyable*. Zo klinkt het inderdaad als een marteling.'

'Zo voelt het ook.'

'Schat, luister,' ging Louis verder. 'Je maakt gewoon een normale lunch voor die Netflix-gasten. En dan zie je wel weer.'

'Precies.' Gabriel kwam aanlopen met een rek vol warme *pains au chocolat*. 'Lekker een beetje fröbelen in je keuken. En als ze je niet willen, dan niet. Dan ga je gewoon weer verder met Les Jumelles.'

Louis nam het rek over en zette het op het aanrecht. 'Wij blijven altijd wel komen hoor.'

'Dat stelt gerust.' Ze stak het laatste stuk croissant in haar mond. 'Ik zal proberen eraan te denken. Ik ben trouwens best benieuwd wie mijn concurrenten zijn.'

'Vertellen ze dat dan nooit?' vroeg Gabriel. 'Ik hoop niet dat die gek erbij zit.'

Louis keek op. ‘Welke gek?’

‘O, een chef uit Lyon,’ zei Sylvie ontwijkend en probeerde met haar ogen te seinen dat Gabriel zijn mond verder moest houden. ‘Nogal een bruut geloof ik.’

Louis schudde zijn hoofd. ‘Dat is dan definitief een gelopen race voor jou. Niets is fijner dan kijken naar een bloedmooie Nederlandse vrouw met een vlekkeloos Frans accent.’

‘Dat is lief.’ Ze gaf Louis een kus op zijn warme wang. ‘Maar guys, ik moet gaan. Ik ga nog even snel het ontbijt voor de meute maken.’

‘Doe je veel liefs aan Lilou? Is Beau er ook?’

Sylvie knikte. ‘Ze is een nachtje over uit Marseille. Met een verrassing zei ze, ik ben benieuwd. Maar ze is uitgeput. Die wordt zo afgebeuld in dat ziekenhuis.’

‘Erger dan elke dag om half vier ’s ochtends stokbroden moeten bakken?’ vroeg Louis.

‘Nee, dat is inderdaad echte slavenarbeid.’ Sylvie zwaaide. ‘Tot morgen lieverds.’

Gehaast liep ze naar buiten, maar Gabriel kwam achter haar aan.

‘Sorry dat ik over Jerome begon,’ zei hij toen ze naast de bestelbus stonden. ‘Maar ik dacht dat je Louis alles had verteld.’

Ze schudde haar hoofd. ‘Expres niet, want die zou meteen de politie willen bellen.’

‘Misschien heeft hij daar wel gelijk in.’

‘Absoluut niet.’ Sylvie voelde haar buik samenknijpen en

opende vlug de deur van het busje. 'Ik wil die engerd juist geen aandacht geven.'

'Krijg je die doodsbedreigingen nog steeds? Dat hij je als een gevild lijk wil opdienen?'

'Al een tijd niet meer,' loog ze terwijl ze eigenlijk niet wist waarom. 'En ik weet niet eens zeker of hij het was.'

'Wie zou het dan moeten zijn?'

Sylvie haalde haar schouders op. 'Weet ik veel. Sorry, ik moet nu echt weg.'

'Ga snel en veel succes hè!'

Na een korte knuffel stapte Sylvie achter het stuur en onder begeleiding van Gabriels luide aanwijzingen racete ze achteruit de smalle straat uit. Pas bij de Avenue Foch verdween de spanning uit haar buik. Ze wilde niet continu herinnerd worden aan de scheldkanonnades die dagelijks onder haar posts verschenen. Elke keer blokte ze de anonieme accounts, maar dan doken er onmiddellijk weer nieuwe op. Soms had ze het gevoel dat ze in haar eentje een strijd tegen de verruwing in de culinaire wereld voerde. Met die vreselijke Jerome als ongekroonde koning. Alleen al de gedachte aan zijn weeïge dikke lippen met van die vieze druppeltjes speeksel maakte haar misselijk.

Sylvie draaide haar raam open, rook de zilte lucht en zette hard 'Voilà' van Barbara Pavi op. Louis had gelijk, ze ging straks gewoon lekker koken en als Netflix haar niet uitkoos, dan *tant pis*, Les Jumelles bleef toch wel bestaan. Bovendien had ze de grootste teleurstellingen in haar leven al gehad. Wat dat betreft leverde diep verdriet soms ook ongekende vrijheid op. Als je echt op de bodem van het leven had gezeten, kon niemand je meer de grond in duwen.

Sylvie parkeerde het busje in de schaduw van een plataan en liep verder naar nummer 14. Nog steeds werd ze vrolijk als ze hun huis aan het einde van de straat zag liggen. De kleine *manoir*, met lichtgele gepleisterde muren, groene luiken voor de hoge ramen en de weelderige tuin die nu oplichtte in de ochtendzon. Precies zoals je als kind een huis zou tekenen, met de voordeur in het midden en een grote schoorsteen op het puntdak. Hugo had het tien jaar geleden van een bejaarde weduwe kunnen kopen, voordat het officieel op de markt kwam. Een schot in de roos waar ze haar man nog elke dag dankbaar voor was.

Diep in gedachten greep ze naar de hendel van het ijzeren hek, maar merkte toen dat iemand haar voor was geweest. Het hek stond op een kier en ze zag voetstappen in het gravelpaadje naar de voordeur. Vreemd, het was nog geen half acht. Meestal was haar gezin dan nog in diepe slaap.

Alle luiken van de slaapkamers waren gesloten en ze zag geen tekenen dat Jean, hun tuinman, al tussen de citroenbomen aan het schoffelen was geweest. Misschien had Lilou weer een man mee naar huis gesleept en hem vervolgens vanochtend vroeg op straat gedumpt. Of zou Jerome toch…? Nee, niet aan denken, besloot ze meteen.

Ze draaide de voordeur van het slot en moest even glimlachen bij de gedachte aan hun extreem verschillende tweeling. Lilou bleef maar hangen in een rebelse post-puberteit terwijl Beau al dagelijks levens stond te redden. Qua uiterlijk waren ze nog steeds lastig uit elkaar te houden, ook al maakte de roze lok in Lilou's blonde haar het nu iets makkelijker.

'*Bon matin, mes chéries*,' riep ze naar boven zodra ze de hal binnenkwam. Door de marmeren vloer was het hier nog aangenaam koel en Sylvie deed meteen haar slippers uit. Van boven kwam geen reactie en zelfs Maxie, die nog in zijn mandje onder de trap lag, nam niet de moeite haar te begroeten. Ze zag alleen kort zijn staart kwispelen.

'Dan niet,' zei Sylvie hardop tegen zichzelf. Ze gooide haar handtas op het gangtafeltje, liep door naar de keuken, opende de deuren naar de achtertuin, zette Radio Classique aan en begon de boodschappentas uit te pakken. Vier croissants, een flûte, en de *bouchon du chevre* voor Beau die ze net nog had gehaald bij Fromagerie du Marche. Dat was een winkeltje vlak naast haar eigen restaurant waar ze de lokale kazen meestal kocht. Daarvoor had ze de vijfenvijftig broden in de keuken van Les Jumelles afgeleverd en gecheckt of de snijploeg al bezig was. Gelukkig liep alles volgens schema, al had Gretl, haar souschef, bezorgd gekeken toen bleek dat ze de tweede gang nog steeds niet had besloten. Sylvie had haar beloofd na het ontbijt uitsluitsel te geven.

Snel waste ze de druiven en legde ze samen met wat stukken kaas op een plankje. Daarna klutste ze acht eieren en sneed een paar bosuitjes fijn. Vanuit de kast onder het fornuis pakte ze de Creuset-pan, stak het gas aan en goot een scheut olijfolie in de pan. Even leunde ze tegen het aanrecht en haalde diep adem. Precies deze kleine handelingen brachten haar tot rust. Misschien moest ze dat vanmiddag bij de lunch met Netflix ook zo uitleggen. Dat koken haar mentale yoga was. Dat ze dus geen dag spijt had gehad van de overstap vijfentwintig jaar geleden van de rechtenfaculteit in Utrecht naar het Cordon Bleu-instituut in Parijs.

En ineens wist ze het. Ze moest de lunch zo simpel mogelijk houden. Frisée, gekarameliseerde walnoten, wat geitenkaas en een vinaigrette van die lichtzure frambozenazijn uit de heuvels bij Ramatuelle.

Sylvie draaide het gas uit en wilde haar telefoon pakken om Gretl te appen, toen ze iets vochtigs aan haar voeten voelde. Onmiddellijk deed ze een stap terug en zag een plasje bloed in de hoek bij de kast.

'*Merde*!' Ze greep naar de keukenrol. 'Wat is dit?'

'Wat?'

Met een ruk draaide Sylvie zich om. In de deuropening stond Hugo in zijn versleten badjas.

'Dat bloed,' stamelde ze en wees naar de hoek. Nu pas voelde ze de spanning in haar schouders. 'Hoe komt dat bloed daar?'

'Geen idee.' Hugo schoof zijn bril hoger op zijn neus. 'Is dat niet gewoon limonade?'

'Nee Huug, natuurlijk niet. Kijk dan.'

Nu pas kwam haar man dichterbij en ging door zijn

knieën. Voorzichtig doopte hij zijn vinger in de rode substantie en likte hem daarna af. 'Ketchup, zie je wel.'

'Echt?'

'Zonder enige twijfel. Lilou heeft vannacht vast weer tosti's gemaakt.' Hij pakte de keukenrol van haar over en veegde de vloer schoon. 'Waarom dacht je eigenlijk dat het bloed was? Het is toch overduidelijk tomatenrood.'

Ze zuchtte. 'Ik ben een beetje gespannen.'

'Dat is een understatement.' Hij grinnikte. 'Is het Netflix? Of die lul?'

'Beiden, vrees ik,' zei Sylvie terwijl ze het gas weer aan draaide.

Hugo gooide de papieren prop weg en ging aan het kookeiland zitten. 'Luister schat. Je moet je niet zo laten opfokken. Die Jerome is een *nobody*, dat weet heel Saint-Tropez. Zijn bedreigingen stellen echt niets voor.'

'Hoe weet je dat zo zeker?' Sylvie liet de geklopte eieren de pan in glijden. 'Mij willen fileren klinkt toch niet heel onschuldig.'

Een ping klonk en Hugo pakte zijn telefoon uit zijn zak. Zonder het appje te openen legde hij zijn mobiel direct weer omgekeerd op het marmeren blad. 'Je moet het niet zo letterlijk nemen. Ik ken dat soort slappe types. Veel lawaai, maar voor de rest...'

'Voor de rest wat?' Sylvie draaide wat peper over het ei en keek naar haar man. Eigenlijk was hij niet veel veranderd sinds ze hem voor het eerst in Monaco had gezien. Dezelfde donkere haren, een zongebruinde huid en een brede glimlach. Maar de relaxte houding die ze toen zo aantrekkelijk had gevonden, irriteerde haar de laatste tijd steeds vaker. 'Gaat het juist niet om de rest?'

Hugo wreef over zijn stoppelbaard, die hij nu al twee weken liet staan. 'Wat zou hij dan willen doen? Jou echt vermoorden?'

'Hebben we het nu al over de dood? Mijn god, ik ben net wakker.' Beau liep de keuken in. Ze was al aangekleed en zag er ontspannen uit in een korte witte broek, met een rode hippiebloes en hoog opgestoken haren. 'Graag even een ochtend geen lijken. Mam, heb je Maxie al uitgelaten?'

'Hij is niet wakker te krijgen.' Sylvie schoof het roerei in een brede schaal. 'Heb jij ook zo lekker geslapen?'

'Tien uur in coma gelegen.' Beau pakte de borden uit de kast. 'Djezus pap, zit jij hier de hele tijd te niksen? Laat je mama weer al het werk doen?'

Als de vermoorde onschuld hief Hugo wanhopig zijn handen in de lucht. 'Zíj is de kok.'

'En dus?' Beau zette nu de glazen op tafel. 'Dan kan jij toch haar hulpje zijn?'

Sylvie barstte in lachen uit. '*That's my girl*. Trouwens schat, kan je vlug je zus wakker maken? Alles is klaar.'

Terwijl Beau weer naar boven rende, zette Sylvie het kaasplankje op tafel. 'Ik ben wel erg nieuwsgierig.'

'Naar die Netflix-lunch?' vroeg Hugo.

'Ook ja, maar ik bedoelde de verrassing van Beau.' Sylvie maakte met haar hoofd een gebaar naar boven. 'Ze doet er zo geheimzinnig over.'

Hugo gleed van de kruk. 'Zou ze eindelijk een vriend hebben?'

'Hoezo eindelijk? Ze is pas drieëntwintig.' Ze legde de servetten recht. 'Trouwens, misschien is ze niet eens *into boys*.'

'Lesbisch? Zei Gabriel dat?'

'Wat zei Gabriel?' Lilou slofte in een gele onesie naar binnen. Een jongen met een staartje en een besmeurd blauw overhemd kwam er direct achteraan. 'Dit is Patrick... en nee, hij blijft niet ontbijten.'

Haar dochter griste een croissant uit het mandje, gaf de helft aan Patrick en voordat Sylvie zich kon voorstellen, duwde ze de arme jongen weer de gang in. Ze hoorde dat Beau hem nog net gedag kon zeggen, daarna viel de voordeur met een klap dicht. De zussen liepen gezamenlijk terug de keuken in. Roze en blond, haar eigen versie van yin en yang.

'Dit was echt een dieptepunt.' Hugo keek Lilou recht aan en trok een diepe rimpel tussen zijn donkere wenkbrauwen. 'Wie was die gast?'

Lilou haalde haar schouders op. 'Een dj... geloof ik.'

'Nou, die komt hier echt nooit meer binnen. En trouwens, ik zou maar heel snel ontiegelijk veel vaart zetten achter die zoektocht naar een eigen kamer. Zo gaat het echt niet langer.'

Lilou schoof haar stoel naar achter. 'Jezus pa, dat kan ik toch nooit betalen.'

'Misschien moet je dan eens wat harder gaan werken.

Hoeveel van die oorbellen verkoop je nou eigenlijk?' Hugo blies extra krachtig in zijn koffie, spetters verspreidden zich over tafel. 'En noem me trouwens geen pa. Vader mag, papa bij voorkeur, pap kan nog net, maar nooit meer pa.'

'Waarom doe je ineens zo hysterisch?' Lilou zakte met een zucht op haar stoel. 'Beetje chill... *pap*. En laat je serieus die baard staan?'

Sylvie zag dat Hugo nu op zijn onderlip beet en ze schoof snel aan tafel. 'Wat heerlijk dat we weer eens met zijn viertjes kunnen ontbijten.' Haar telefoon trilde en in een reflex pakte ze hem op, maar zag direct de teleurgestelde blik van Beau en legde hem meteen weer weg. 'We zijn natuurlijk allemaal heel benieuwd naar het grote nieuws.'

'Ik ben er zelf ook zo ontzettend blij mee,' zei Beau terwijl ze aan tafel ging zitten. 'Eigenlijk kan ik het nog steeds niet geloven.'

'Nou, kom maar op.' Lilou doopte haar croissant in haar koffie. 'Ik haat cliffhangers.'

Beau zuchtte diep en ging wat rechterop zitten. 'Gisterochtend kwam mijn professor ineens de poli op. Jullie kennen haar wel, dokter LeBlanc. Ik schrok natuurlijk eerst, ik dacht meteen dat ik mijn laatste tentamen niet had gehaald...'

'O ja, en dat zou erg zijn,' onderbrak Lilou haar.

'Verdomme Lou.' Hugo schoof zijn stoel naar achter, alsof hij wilde opstaan. 'Hou daar onmiddellijk mee op.'

Lilou snoof luid maar zei niets meer en stak haar druipende croissant in haar mond.

'Nou goed, ze wilde me dus even apart spreken,' ging Beau onverstoorbaar verder. 'En wat bleek... Ik heb die beurs gekregen. Voor mijn PhD-onderzoek. Naar het amyloid-eiwit.'

'Schat, wat fantastisch!' Sylvie stond op en gaf haar dochter een knuffel. 'Dit wilde je toch zo graag?'

Beau knikte. 'Ik kan al over twee weken beginnen. Maar dan moet ik...'

'Ik ben zo trots!' onderbrak Hugo haar en hij stond nu ook op. 'Dit vraagt om champagne.'

'Nu al?'

'Ja Sylvie...' Hugo trok de ijskast open. 'Nu al! Sommige mensen vieren wél het leven. Niet iedereen is zo'n workaholic als jij.'

Sylvie voelde het bloed naar haar wangen schieten en wilde haar man net uitleggen dat zij als primaire kostwinner ook wel hard móést werken, toen Maxie ineens begon te blaffen. Tegelijkertijd klonk de bel. Drie keer achter elkaar.

'Wat nu weer?' Hugo sloeg de ijskast dicht en beende direct naar de gang.

Beau zakte onderuit. 'Het gaat hier ook nooit eens normaal.'

'De politie staat voor de deur,' riep Hugo uit de hal. 'Lou, die verrassing is vast van jou.'

Even zag Sylvie angst in de ogen van haar dochter oplichten, maar Lilou bleef toch gewoon zitten en pakte achteloos haar telefoon. 'Gaan ze nu ook al achter de kleine drugsgebruikers aan?'

‘Lou, dat is echt niet grappig,’ siste Beau haar toe.

‘Blijf hier,’ gebood Sylvie en terwijl ze ook de hal in liep, kwamen er net twee agenten binnen. Een aantal van hun collega’s liep er direct achteraan. Hugo bleef verbaasd naast de deur staan. ‘Ze komen voor jou.’

‘Voor mij?’

‘Madame Meekes?’ vroeg de oudste agent.

Ze knikte. ‘Wat kan ik voor u doen?’

De man wapperde met een A4’tje. ‘We hebben een huiszoekingsbevel.’

‘Wat?’

De andere agent deed nu ook een stap naar voren. ‘Mijn collega’s gaan hier onmiddellijk aan de slag. Wilt u ondertussen met ons meekomen?’ vroeg de agent zacht, maar het klonk toch als een bevel. ‘We moeten u op het bureau wat vragen stellen.’

‘Waar gaat dit over?’ Sylvie hoorde haar stem overslaan. ‘Ik heb niets gedaan.’

‘Dat zou mooi zijn, dan zijn we snel klaar,’ zei de agent die de papieren vasthield quasi-opgewekt. ‘En bent u zo weer thuis.’

‘Ik dacht het niet.’ Ze ging wijdbeens staan. ‘Ik blijf namelijk gewoon hier.’

De vrouwelijke agent deed nog een stap naar voren. ‘Dat lijkt me niet verstandig.’

‘Het zijn maar een paar vragen,’ suste de oudere agent. ‘Op het bureau kunnen we het allemaal wat beter uitleggen.’

Sylvie zocht oogcontact met Hugo. Maar zijn blik volgde nauwlettend de agenten die al door de spullen in hun boekenkast gingen. In haar ooghoek zag ze haar dochters in de deuropening staan die haar verbijsterd aankeken. Zelfs Maxie, die aan hun voeten zat, zag er ontredderd uit.

'Dit is natuurlijk een groot misverstand,' zei Sylvie zo zelfverzekerd mogelijk. Ze moest dit gedoe onmiddellijk de kop indrukken, voordat het als een gezwel door heel Saint-Tropez ging woekeren. 'Maar vooruit, ik ga mee.'

'Mooi,' zei de oudere agent en wees naar de deur. 'Als u mij dan meteen wilt volgen.'

Sylvie pakte haar tas van het tafeltje en gaf Hugo een kus op zijn wang. 'Tot zo lieverds. Dit gaat vast niet lang duren. Ik bel jullie straks.'

Sylvie keek naar de papieren die naast elkaar op tafel lagen. Het huiszoekingsbevel, velletjes met haar aantekeningen en het visitekaartje van haar advocaat Buffont. Ze schoof ze heen en weer en legde ze daarna in een andere volgorde, alsof ze zo beter zou kunnen begrijpen wat er vanochtend was gebeurd. Maar natuurlijk kreeg ze haar gedachten er niet mee op orde, en dezelfde beschuldigingen bleven in haar hoofd ronddraaien: corruptie, fraude en valsheid in geschrifte.

Het rijtje was volkomen absurd. De rechercheurs hadden beweerd dat ze steekpenningen had betaald voor de nieuwe locatie van Les Jumelles. Hoe verzonnen ze het? Alsof ze niet gewoon door de vraagprijs te betalen aan die bijzondere plek bij de haven was gekomen. En dan de suggestie dat ze het restaurant zou gebruiken om wit te wassen. Totale onzin, waar zou ze trouwens dat cashgeld vandaan moeten halen? Alle betalingen gingen nu gewoon digitaal.

Het was warm in de kleine verhoorkamer en even schoot de herinnering aan de enige andere keer dat ze op een bureau had gezeten door haar gedachten. Net zo warm en hartje zomer was het, toen ze 's nachts illegaal in het gemeentezwembad was gaan zwemmen. De teleurstelling op het gezicht van haar grootvader toen hij haar oppikte had haar direct terug in het gareel gekregen. Op hun boerderij bij Lochem volgden haar grootouders altijd precies de letter van de wet en die houding had ze uiteindelijk toch overgenomen.

Een uur geleden had ze daarom direct aan het begin van het gesprek aan de rechercheur uitgelegd dat ze al jaren met dezelfde advocaat en dezelfde accountant samenwerkt, juist om haar bedrijf zo zuiver mogelijk te houden. Dat ze als de dood was om verkeerde aangiftes te doen of regels rond vergunningen onbewust te overtreden. Maar haar ondervrager leek totaal niet onder de indruk. Sowieso had hij vrij sceptisch op haar antwoorden gereageerd, alsof ze voortdurend de boel bij elkaar aan het liegen was.

Sylvie trok aan de kraag van haar T-shirt en wapperde met een papiertje. De kamer leek steeds warmer te worden en ze nam opnieuw een paar slokken water. Buffont had haar verzekerd dat hij haar snel mee naar huis zou krijgen. Volgens hem lag er namelijk nog geen officiële aanklacht en mocht het zogenaamde vragenuurtje dan ook niet langer duren. Maar hij was al zeker twintig minuten weg en ze wist eigenlijk niet zo goed wat ze hier nu in haar eentje moest doen.

De lunchafspraak met Netflix had ze eerder vanochtend al moeten afzeggen. Het was totaal onduidelijk of de crew haar überhaupt nog wilde spreken. En terecht, wie wilde er nou samenwerken met een van corruptie verdachte chef?

Sylvie schoof de stoel hard naar achter, stond op en liep gefrustreerd een rondje om de tafel. Hoe was ze in deze bizarre situatie beland? Wilde iemand haar met opzet zwartmaken? Jerome misschien weer? Maar dit zou zelfs voor hem wel erg ver gaan. Hugo had gelijk, haar concurrent leek tot nu toe vooral in staat heel veel te schreeuwen, maar tot echte acties was hij nog niet gekomen. Tot nu toe tenminste. Wie dan wel? Les Jumelles was haar levenswerk en iemand leek dat met deze beschuldigingen kapot te willen maken.

Even boog ze zich weer over de tafel heen en keek nog eens naar het huiszoekingsbevel. Nergens stond een naam en het werd ook niet duidelijk waar de bizarre beschuldigingen vandaan kwamen. Of wat ze in haar huis hadden verwacht te vinden.

Ondanks de warmte gleed er ineens een rilling over haar rug. Het idee dat er nu vreemde mensen door haar spullen gingen was misselijkmakend. Waarschijnlijk gingen ze ook uitgebreid door hun slaapkamers heen, snuffelden ze in haar badkamerspullen en checkten ze welke medicijnen ze gebruikte. Zouden ze zelfs in de zakken met hondenvoer graaien naar… ja, naar wat eigenlijk? Wat zochten ze toch?

Met haar wijsvinger gleed ze nog eens over het document met haar persoonlijke gegevens en nu zag ze halverwege plots twee namen staan die ze al heel lang niet meer naast elkaar op papier had gezien.

'Malou Meekes en Alain Said,' las ze hardop voor.

Totaal onverwacht overviel haar een diep gevoel van verlies. Het gebeurde de laatste tijd wel vaker dat ze zich ineens bewust was van het grote gat dat ze hadden achtergelaten. Hoe anders was haar leven gelopen als die twee er nog wel waren geweest.

Parijs, mei 1968

Malou leunde tegen de muur van het amfitheater. Ze had de zaal nog nooit zo vol meegemaakt. Mo had voorspeld dat er zeker duizend studenten zouden komen, maar zo te zien waren het er veel meer. De trappen waren volledig gevuld, tientallen studenten zaten op de grond voor het podium en Malou zag twee jongens die boven op een pilaar waren geklommen en elkaar maar met moeite in evenwicht konden houden. De ruimte stonk naar rook en zweet. Niet verrassend, de afgelopen week hadden ze allemaal geleefd op sigaretten en wijn. Voor fatsoenlijk eten of een douche had niemand tijd gehad.

'*Liberté pour tous*,' klonk ineens luid door de zaal en ze zag dat Daniel Cohn-Bendit achter de katheder was gaan staan. Malou had de roodharige student altijd arrogant en luidruchtig gevonden, maar de laatste paar dagen had ze enorme bewondering voor hem gekregen. Hij was als eerste tegen het universiteitsbestuur opgestaan en had de studenten hier op de Sorbonne samengebracht.

'Het geweld tegen studenten moet stoppen,' schreeuwde Daniel door de microfoon. 'Dit kan niet langer doorgaan.'

Een luid gejuich galmde door de zaal.

'*Soyons cruels*,' riep Malou hard mee met hun favoriete strijdkreet. 'We moeten wreed zijn.'

Ondertussen zocht ze op de achterste rij naar de bruine baret en zwarte blazer van Mo. Hij had beloofd dat ze elkaar hier zouden zien, maar ze had hem nog niet gespot. Sinds de demonstraties vijf dagen geleden waren begonnen, waren ze elke dag met elkaar opgetrokken. Al kenden ze elkaar pas twee maanden, het voelde alsof het nooit anders was geweest.

'Ga je mee naar voren?' Odile trok aan haar coltrui. 'Ik kan Daniel hier niet goed verstaan.'

Malou keek opzij naar haar kamergenoot. De kraag van haar blazer was gescheurd, ze had paarse wallen en een blauwe plek op haar wang van de rellen van gisteravond. Als geneeskundestudent had ze urenlang geholpen de gewonden van de demonstraties op te vangen, maar haar grijze ogen stonden nog steeds helder. 'Nee, ik wacht hier even op Mo.'

'Die zie je zo vast nog wel. Kom, ga mee.'

Malou schudde haar hoofd. 'Mo en ik hadden hier afgesproken.'

'Wat jij wil,' zei Odile en ze wilde al weglopen toen ze zich ineens omdraaide. 'Pas je wel op?'

Malou glimlachte. 'Moet jij nodig zeggen.'

'Ik bedoel niet met *les flics*, maar met Mo.'

'Met Mo?'

Odile knikte. 'Het is Mohammed, hè. Hij zit er anders in. Voor hem is dit een echte strijd.'

'Hoe bedoel je?'

'Nou ja, als Algerijn.'

'Wat zeg je nou eigenlijk?' Het geroezemoes van de zaal leek naar de achtergrond te verdwijnen en Malou keek strak naar haar vriendin. 'Dit meen je niet echt, toch?'

'Algerijnen geven geen zak om onze studentenrechten. Die hebben hun eigen rekening te vereffenen met De Gaulle. Met het hele Franse systeem eigenlijk. En...'

'Mo moet daar niets van hebben,' onderbrak Malou haar, maar het klonk als een slappe verdediging. Bovendien was Mo inderdaad opvallend negatief over de president.

Odile schudde haar hoofd. 'Ik zie het in zijn ogen.'

'Wat?'

'Haat.'

'Echt Odie, wat een waanzin!'

'Jij bent Nederlands, je hebt de Frans-Algerijnse oorlog niet meegemaakt. Die was zo heftig. Ze zijn serieus uit op wraak. Geloof me.' Odile pakte haar arm even vast. 'Ik zeg dit juist als een vriendin. Echt, kijk uit.'

'Je bent gek.'

Odile haalde haar schouders op. 'Doe ermee wat je wil.'

Het bloed schoot naar Malou's wangen, maar voordat ze verder in discussie kon gaan, was haar vriendin al in de massa verdwenen.

'*Merde*,' zei ze zacht en schopte tegen het bankje voor haar. Meteen verontschuldigde ze zich tegenover de jongen die zich verstoord omdraaide.

Malou ademde diep in en voelde de spanning langzaam weer wegzakken. Eigenlijk was ze niet eens echt boos op Odile. Die kwam uit een conservatief Frans milieu en was opgegroeid met vastgeroeste ideeën over de oude koloniën. Haar vriendin was communiste en had al een tijd het contact met haar familie volledig verbroken, maar sommige vooroordelen waren duidelijk ook bij haar nog steeds zeer hardnekkig.

Het waren precies dezelfde ouderwetse ideeën die haar moeder regelmatig uitte. Hoe vaak Malou haar ook uitlegde dat Mo gewoon een serieuze filosofiestudent was, net als zijzelf. Net als trouwens bijna iedereen tegenwoordig in Frankrijk. En dan zou alleen Mo agressief zijn? Omdat hij toevallig uit Algerije kwam? Dat racistische idee maakte haar echt woedend. Dat onrecht was net zo erg als de rest van het verouderde systeem waar ze deze dagen tegen streden.

'Jullie demonstreren ook voor ons,' klonk ineens veel harder door de microfoon. Daniel was opzij gestapt en nu stond er een oudere man. Was dat Sartre?

Malou ging op haar tenen staan om het podium beter te kunnen zien. Mensen fluisterden al de hele dag dat de bekende Franse filosoof hierheen zou komen om hen te steunen. Maar nee, deze man kende ze niet. Hij praatte nu over de onderdrukking van de fabrieksarbeiders. Waarschijnlijk iemand van de vakbonden die zich recent bij de protesten hadden aangesloten.

Opnieuw keek Malou de achterste rij langs, maar zag Mo nog steeds niet zitten. Terwijl zijn lange, slanke lichaam haar zonder twijfel direct zou opvallen. Vanaf het eerste moment dat ze naast elkaar in de werkgroep hadden gezeten, had ze zijn mimiek geanalyseerd en geconstateerd dat hij zo kalm overkwam omdat hij heel ongedwongen, maar tegelijkertijd toch zeer gecontroleerd bewoog.

'Zes dagen per week werken? Dat is slavenarbeid,' ging de man op het podium gepassioneerd verder. 'Zonder opslag, zonder pensioen. Dat nooit meer. Weg met de directeuren!'

Het geroezemoes in de zaal nam toe. 'We moeten geen eisen meer stellen, maar de stad bezetten,' riep de jongen voor haar.

'*Ni Dieu, ni maitre*!'

De stemmen werden steeds luider, moeilijker van elkaar te onderscheiden, en Malou voelde haar ogen langzaam dicht zakken. Door de warmte kon ze de slaap nauwelijks tegenhouden. Het was gisteravond ook weer laat geworden. Ze hadden een barricade op Rue du Four gemaakt. Van terrastafels, pallets, fietsen, alles wat ze maar konden vinden om *les flics* tegen te houden. Pas toen er traangas werd gespoten, had Mo haar meegetrokken.

Ze waren naar zijn kamer boven de kunstboekhandel gevlucht. Tot haar teleurstelling had hij haar in zijn bed gelegd en was hij zelf op de bank gaan liggen. Nog voordat ze de moed had kunnen verzamelen om naast hem te kruipen, was ze als een blok in slaap gevallen. Vanochtend vroeg werd ze in haar eentje wakker en vond ze zijn briefje met de belofte elkaar hier vanavond te zien.

'Kom op.' Ze kreeg een duw van haar buurman en Malou schrok op. Iedereen om haar heen was gaan staan.

'We laten ons niet klein krijgen,' riep de man op het podium nog harder. 'We gaan verder!'

'We strijden met elkaar,' riep de zaal terug. 'We gaan de stad bezetten. *Allez*!'

Malou klapte ook haar bankje op, trok haar laarzen omhoog en schoof mee met de rij naar de achterste deur. Eigenlijk had ze geen puf meer om weer de straat op te gaan, maar misschien zou ze Mo wel bij Café de Flore tegenkomen. Daar hadden ze elkaar deze week al vaker gevonden en anders waren daar wel andere bekenden met wie ze kon optrekken.

Haar schouders voelden gespannen en ze zwaaide even met haar armen. Al wilde ze niet mee op pad, ze wist zeker dat hier achterblijven absoluut niet veilig was. De avonden werden steeds gewelddadiger en de politie trad keihard op. Al twee van haar werkgroepvrienden waren geslagen en opgepakt. Zelf had ze gisteren maar net een wapenstok kunnen ontwijken.

Malou ging op een hogere tree staan en zocht in de menigte naar Odile. Ze zag haar paarse blazer nergens meer en kon ook geen andere bekende gezichten ontdekken. Ze voelde de koelere avondlucht uit de gang naar binnen stromen en liep snel met de menigte mee naar de deur.

Ineens klonken buiten sirenes en direct daarna de hoge fluitjes van de politie. Meteen draaiden mensen zich om en begonnen massaal te dringen, terug de zaal in. Lichamen botsten op elkaar en Malou voelde een knie in haar dij prikken. Met haar handen voor haar borst probeerde ze ruimte om zich heen te houden.

'Kappen,' riep een jongen naast haar en hij blokkeerde

met zijn brede lichaam de terugkerende massa. 'Stop toch met duwen.'

'Help me,' klonk een vrouwenstem verderop. 'Ik zit vast!'

Maar niemand leek te reageren en de menigte begon als een eigen entiteit door de zaal te golven. Heen en weer, steeds sneller. Het gefluit van de agenten werd luider.

'We moeten ons verzetten,' klonk door de zaal. 'Vecht terug!'

Malou had moeite te blijven staan en werd hard tegen de muur gedrukt. Een elleboog stak tussen haar ribben en een pijnscheut schoot door haar borstkas.

'Pas op,' gilde ze nu ook. 'Ik krijg hier geen lucht meer.'

Met twee handen probeerde ze de tientallen ruggen terug te duwen, maar ze werd steeds verder in elkaar gedrukt.

'Kijk uit! Niet zo duwen.'

Plotseling voelde ze een ruk aan haar schouders, ze struikelde opzij en net voordat ze op de grond viel, werd ze onder een arm weer omhoog getild.

'Malou!'

Ze keek op. 'Mo!'

'Kom hier,' riep hij en ze voelde zijn hand tegen haar rug. 'Snel. Ren!'

Zonder verder na te denken, worstelde ze zich in tegengestelde richting door de menigte heen en volgde Mo's lange lichaam de trap af naar het podium. Net toen ze door een openstaande deur de professorengang in doken, hoorde ze achter zich de schoten van het traangas.

Saint-Tropez, 2022

In een soepele beweging draaide Buffont zijn Mini Cabrio achteruit een kleine parkeerplaats in. Meteen deed hij de motor uit maar bleef wel zitten. De zon scheen recht op zijn kale hoofd en Sylvie zag direct zweetdruppeltjes verschijnen.

'Zoals beloofd…' begon Buffont en hij keek op zijn horloge. 'Binnen vier uur heb ik je alweer thuis afgezet.'

Sylvie pakte haar tas. 'Gelukkig wel. Ik zal maar niet vragen hoe je dat hebt geregeld.'

'Beter van niet. Kan ik verder nog iets voor je doen?'

Ze schudde haar hoofd. 'Dank voor alles. Wat gaat er nu gebeuren?'

'We zullen moeten wachten.' Buffont pakte een tissue uit zijn zak en depte zijn voorhoofd. 'Totdat we weer iets van het OM horen. Het blijft een rare zaak. Ineens staan ze voor je deur en noemen ze je corrupt.'

Sylvie zwaaide naar Marie, de overbuurvrouw die haar rozen aan het sproeien was, maar die deed alsof ze haar niet zag en draaide haar resoluut de rug toe. 'Ja, en ineens ben je een paria in je eigen wijk.'

Buffonts aanstekelijke lach bulderde door de straat en Sylvie grinnikte mee. Ze zag dat de knopen op zijn overhemd het lachsalvo maar net aankonden. Haar advocaat was een van de weinige Fransen die haar flauwe grappen kon waarderen. Al vanaf haar eerste kleine restaurant in de heuvels bij Grimaud werkte ze met hem samen en in die jaren hadden ze een soort vriendschap ontwikkeld. Wel oppervlakkig, ze wist niet eens zijn voornaam en had bijvoorbeeld ook zijn familie nog nooit ontmoet, maar het was genoeg om een vertrouwensband op te kunnen bouwen.

‘Heb je nog iets van je contacten gehoord?’ Ze wees naar haar eigen huis aan de overkant van de straat. ‘Of ze iets bij ons hebben gevonden?’

Meteen verdween de lach van zijn ronde gezicht. ‘Ik wilde je het eigenlijk niet zeggen.’

‘Waarom niet?’

‘Het zijn maar geruchten.’

‘Kom op.’

Buffont schudde zijn hoofd. ‘Beter van niet.’

‘Echt, ik heb al zoveel ellende gehoord vandaag.’ Ze draaide zich naar hem toe. ‘Wat kan er nou nog erger zijn? Bovendien, volgens mij heb je de wettelijke plicht je cliënt in te lichten.’

‘Spreekt daar de gesjeesde rechtenstudent?’

Ze lachte weer. ‘Hebben die paar tentamens toch nog nut.’

‘Vooruit, maar nogmaals, ik weet niet of het waar is.’ Hij keek naar de buurvrouw die nu haar stoep schoonspoot en zuchtte diep. ‘Ze hebben wat spullen meegenomen.’

‘Serieus?’

Hij depte zijn nek. ‘Iemand zag ze met schilderijen weglopen.’

'Iemand?'

'Jezus Sylvie, ik kan echt niet zeggen wie dat was, maar het waren twee grote doeken.'

Ze ving zijn blik in de zijspiegel. 'De Hom Nguyens?'

'Zijn die veel waard?'

'Geen idee. Ik heb ze van Hugo gekregen.'

Buffont zuchtte weer. 'Dat vreesde ik al.'

'Wat bedoel je?'

Hij siste door zijn tanden. 'Ze zouden met te veel contant geld zijn gekocht.'

'Haha, grappig zeg,' zei Sylvie maar lachte niet.

Buffont keek schaapachtig. 'Sylvie, het spijt me… Hij heeft er meer dan 250.000 euro voor betaald.'

Ze schoot rechtop. 'Dat is onmogelijk.'

'Dat was ook mijn eerste gedachte.'

'Waar zou dat geld vandaan zijn gekomen?'

Haar advocaat haalde zijn schouders op. 'Geen idee.'

Ongetwijfeld dachten ze nu aan precies hetzelfde. Hugo's makelaarskantoor liep al jaren niet goed. En Buffont wist dat ook. Hij had al twee keer een faillissement moeten afwenden.

'Weet je dit echt zeker?' vroeg ze, maar ze wilde het antwoord eigenlijk niet horen.

'Niet helemaal. Maar ik hoorde wel dat de politie hem nu ook wil spreken.'

'Verdomme.' Ze graaide in haar tas. 'Ik ook… Shit waar is dat ding?'

Buffont tikte haar aan. 'Zocht je deze?' vroeg hij met

haar telefoon in zijn hand. 'De politie had hem mij in bewaring gegeven.'

Ze griste hem uit zijn hand. 'Nu voel ik me helemaal een crimineel.'

Onmiddellijk deed ze haar telefoon aan en tientallen berichten stroomden binnen. Van de meisjes, Gabriel en een paar die ze niet herkende. Ook vijf gemiste oproepen van Gretl, maar helemaal niets van Hugo. Direct probeerde ze hem te bellen, maar kreeg geen gehoor. 'Bel me. Nu,' stuurde ze een berichtje er meteen achteraan.

'Waar is die vent?' vroeg ze hardop, maar verwachtte geen antwoord. 'Wat een ellende is dit.'

'Dat is op zijn zachtst gezegd een understatement.'

Ze zwegen en Sylvie dacht aan het anonieme bericht dat ze net op haar telefoon voorbij had zien schieten. 'Eindelijk je verdiende loon.' Misschien was het van Jerome, maar er waren vast meer mensen in Saint-Tropez die het niet erg zouden vinden als ze veroordeeld zou worden.

Ze keek opzij naar haar advocaat. Zijn kale hoofd glom nu van het zweet. Het zou het verstandigst zijn om het appje met hem te delen. En om hem te vertellen welke bedreigingen ze nog meer kreeg. Maar soms was verstandig zijn toch niet de beste optie. Nog niet althans. Buffont zou het net als Louis meteen aan de politie willen vertellen en ze wilde het nu niet al groter maken dan nodig was. Eerst moest ze zelf meer te weten komen over wat er speelde en Hugo's kant van het verhaal horen.

'Wat ga je nu doen?' onderbrak Buffont haar gedachten.

'Eerlijk gezegd heb ik geen idee.'

Buffont seinde met zijn hoofd richting de overkant. 'Zij laat zich in ieder geval niet afleiden.'

Sylvie grinnikte en ze keken naar Marie die nu geconcentreerd ook haar luiken schoonspoot. Saint-Tropez was toeristisch, arrogant en schreeuwerig rijk, maar dit buurtje leek nog op het oude vissersdorpje, waar lokale bewoners zich nauwgezet bezighielden met de kleine taken die een dag nuttig konden maken. Het leek allemaal heel lieflijk maar Sylvie wist dat buitenstaanders per definitie werden gewantrouwd en dat ze zich hier en masse tegen een indringer konden keren.

Wat er ook gaande was, ze moest de schade zo snel mogelijk beperken.

'Ik kan maar beter gaan,' zei ze uiteindelijk.

Buffont knikte. 'Hopelijk valt de puinhoop binnen mee. Laat je het weten als ik nog iets voor je kan doen? Ik bel je in ieder geval morgen.'

'Graag,' zei ze en net toen ze wilde uitstappen voelde ze een zweem van druppels. Marie maakte met de tuinslang een wijde bocht en sproeide ook de Mini nat. 'Doet ze dat nou expres?'

'Nu zie je echt spoken.'

Sylvie glimlachte. 'Zou je denken?'

Ze stapte uit en terwijl Buffont wegreed, zwaaide ze opnieuw naar Marie die haar slechts een kort knikje gaf. Zou haar buurvrouw inderdaad al iets over het witwassen weten? Of had ze alleen de huiszoeking gezien en was ze zelf aan het gissen geslagen?

Heel snel opende Sylvie het hek en schoot direct haar tuin in. Alsof ze zelf een op de vlucht zijnde crimineel was. Dit was gekmakend, ze moest Hugo vinden. Hij kon niet zomaar zulke grote bedragen voor haar hebben achtergehouden. Daar moest een andere verklaring voor zijn.

Sylvie stond midden in de zitkamer en voelde haar ogen branden. Boeken lagen op slordige stapels voor de kast, gordijnen waren van de rails afgelopen, de eetkamerstoelen stonden bijeen geschoven in een hoek en kussens lagen vertrapt en verfrommeld naast de bank. Niets stond meer op zijn vaste plek. Ze was geen perfectionist, maar dit voelde als een aanranding. Alles was aangeraakt en haar veilige persoonlijke omgeving was door onbekenden besmeurd.

Ze boog zich voorover en pakte de zonnebloemen van de vloer die duidelijk ruw uit de vaas waren gegooid. Wat hadden ze nou gedacht? Dat ze geld onder in het water had verstopt? Of ergens tussen de bloemen cheques had verscholen?

'Huug? Lou?' riep ze. 'Hé, is er iemand?'

Haar stem echode rond in het huis. Er was niemand meer, zelfs Maxie was van zijn vertrouwde plek onder de trap verdwenen. Was haar gezin gezamenlijk vertrokken? Waarom hadden ze niet hier op haar gewacht? Dachten ze dan dat ze vandaag niet meer terug zou komen? Het leek alsof de stilte haar toeschreeuwde dat ze echt helemaal alleen was.

Haar oog viel op de lege plek boven de schouw. De twee portretten van Nguyen waren inderdaad verdwenen en hadden een gelige rouwrand op de muur achtergelaten. Wat was ze blij geweest toen ze die vorig jaar op haar verjaardag van Hugo had gekregen. Vooral het idee dat hij moeite had gedaan om zo'n persoonlijk cadeau voor haar uit te zoeken had haar geraakt. Was dat dan allemaal een farce geweest?

Ze pakte haar telefoon uit haar tas en stuurde *waar zijn jullie toch* in de familie-app. Apart naar Hugo schreef ze dat hij nu echt direct naar huis moest komen of haar onmiddellijk moest bellen. Ze zag dat haar verzonden bericht niet meteen twee blauwe vinkjes kreeg. Zou hij nog ergens aan het lunchen zijn? Misschien met Jean Marie, die golfvriend. Ze wilde terug scrollen naar de eerdere berichten die ze had gekregen, maar hoorde ineens voetstappen in de keuken.

'Huug, ben jij dat?'

Niemand reageerde.

Zachtjes draaide ze zich om en liep op haar tenen naar de gang. 'Hé, wie is daar?'

Weer geen reactie. Wel klonk het alsof iemand een stoel verschoof.

'Hallo?' Haar keel leek te vernauwen en ze slikte. 'Beau? Lou?' Nu hoorde ze weer gekraak en langzaam liep ze naar de half open keukendeur. De huiszoeking was toch voorbij? 'Hallo, is daar nog politie?'

Ze hoorde gekuch, ademde zelf diep in en gooide in één keer de keukendeur open. In de openslaande deuren naar de tuin stond een lange, brede man.

'Hé, wat moet dat?'

De man draaide zich direct om en stak zijn hand uit. 'Xavi Delroy.'

'Wat doe je in mijn keuken?' Ze deed een stap naar achteren en beantwoordde de uitgestoken hand niet. 'Heeft iemand je binnengelaten?'

'Ik ben journalist.' De man glimlachte vriendelijk, alsof het volkomen normaal was dat hij bij haar in huis stond. Hij zag er nonchalant uit, zijn linnen overhemd hing deels uit zijn spijkerbroek en hij droeg witte All Stars. Maar zijn donkere ogen keken haar fel aan. 'Van *Le Monde*. En ik wilde je graag wat vragen stellen.'

'Je bent gek. Denk je werkelijk dat ik met je wil praten? En sterker nog, dat inbreken daarbij zou helpen?'

Nu schoot de journalist in de lach en ze zag een kuiltje in zijn linkerwang.

'Ik had eerst aangebeld hoor. Maar er deed niemand open en toen pas ben ik de achtertuin in gelopen. Deze deuren stonden gewoon open.'

'En dan loop je "gewoon" naar binnen?'

'Ik voelde me duidelijk meteen welkom. Waarvoor dank.' Hij grinnikte. 'En ik dacht, die bekende chef wil vast haar eigen versie vertellen. Er gaan nu zoveel wilde verhalen over je rond. Die wil je ongetwijfeld snel weerleggen.'

Welke verhalen worden dan verteld, wilde Sylvie eigenlijk vragen, maar ze gebaarde met haar hoofd naar de openstaande deuren. 'Ik wil dat je nu onmiddellijk vertrekt.'

'Betekent dat dan dat alles wat ze zeggen waar is?'

'Natuurlijk niet.' Ze zwaaide met haar telefoon. 'En nu opdonderen. Anders bel ik serieus de politie.'

Xavi hield zijn handen in de lucht. 'Ik ben goed volk hoor.'

'Dat mag ik hopen.' Het viel haar nu pas op dat hij een opschrijfblokje vasthield. Hier mocht geen artikel uit voortkomen. 'Maar nogmaals, ik heb niets te zeggen en wil dat je verdwijnt. Nu!'

Xavi knikte, maar legde eerst nog zijn kaartje op tafel. 'Hier is mijn nummer. Voor als je wel je eigen verhaal kwijt wil...' Zijn bijna zwarte ogen keken haar strak aan. Sylvie huiverde. Het was alsof hij bij haar naar binnen keek en haar gedachten kon zien. Ze voelde haar buik samentrekken. 'Ook over die verhalen over je ouders,' besloot hij.

Nog voordat ze kon vragen wat hij daar in vredesnaam mee bedoelde, was hij al uit beeld verdwenen en voelde ze haar telefoon trillen. Een berichtje van Hugo dat hij er over vijf minuten zou zijn. Tegen al haar gewoonten in, liep ze meteen naar de ijskast en pakte er een open fles rosé uit. Normaal dronk ze niet voor vijf uur, maar nu leek lunchtijd ineens de beste tijd om aan de alcohol te beginnen.

Parijs, 1968

Mo trok Malou door de steeg en ze liepen daarna hand in hand de Boulevard Saint Germain op. Het lawaai kwam als een muur op hen af. Schreeuwende studenten, sirenes en brekend glas klonken angstaanjagend dichtbij. De barricades van autobanden waren nu ook in brand gestoken en de hoge, zwarte rook maakte de avondlucht nog angstaanjagender.

'Duiken.' Mo trok haar naar beneden en gebukt staken ze de brede straat over. Vanaf deze hoogte zag ze vooral benen, maar het was duidelijk dat de menigte deze avond nog weer groter was geworden. Bij het terras van Café de Flore schoten ze achter een windscherm en bleven dicht naast elkaar op de grond zitten.

'Sorry dat ik zo laat was.' Mo hijgde. De geur van zijn Gauloises hing in zijn lange haren. 'De hele stad ligt plat. Zelfs de metro's rijden niet meer.'

'Ja, wat een chaos.'

Mo veegde een lok uit haar gezicht. 'Het wordt te gevaarlijk voor je.'

'Voor mij?'

Mo knikte. 'Het wordt hier oorlog. Dat zei ik gisteren toch ook al? Ik wil nu echt dat je weggaat, de stad uit. Voordat het te laat is.'

'Dat slaat nergens op. Natuurlijk ga ik niet weg.'

'Ik heb gehoord dat er morgen groepen demonstranten komen uit andere wijken, steden en zelfs van het platteland.'

'En uit Algerije?'

Mo keek haar verbaasd aan maar voordat hij kon antwoorden klonk een doffe dreun tegen het scherm. In een reflex wilde ze opstaan, maar Mo hield haar vast. 'Blijf zitten!'

'Maar ik...'

Opnieuw een klap. En meteen erachteraan brekend glas.

Mo trok haar nog dichterbij. 'Ze gooien nu zelfs met stenen.'

'Perfect toch.' Malou pakte zijn hand. 'Hier gaat het om. We moeten meedoen.'

Mo schudde zijn hoofd. 'Nee, we moeten hier weg.'

'Juist niet.' Haar beenspieren spanden zich aan. 'Ik loop nu niet laf de andere kant op.'

'Dat is echt dwaas. Dit heeft niets met onze protesten te maken en...' Mo werd onderbroken door een gillende sirene en zijn stem verdween naar de achtergrond. Malou hief haar armen vragend in de lucht om duidelijk te maken dat hij onverstaanbaar was.

'Ik blijf,' mimede ze met haar mond. 'Ik doe wel mee.'

Een steen belandde naast een tafeltje en ze kroop over de grond om hem te pakken. Daarna stond ze op en keek over de boulevard. Het was eigenlijk al een oorlogsgebied. Tientallen overvalwagens van de politie en rode lichten van de brandweer aan de ene kant, dan een stuk niemandsland met brandjes en barricades, en aan de overkant een massa schreeuwende mannen die stokken en vlaggen omhooghielden. De stoep was opengebroken en studenten wrikten stenen los die ze doorgaven aan de eerste linie. Nergens zag ze meer een bekend gezicht.

'Malou,' klonk ineens in haar oor en nu pas merkte ze dat Mo naast haar was komen staan. 'Kom mee, please.'

Ze schudde haar hoofd en wilde de steen gooien, toen Mo haar tegen zich aan trok en haar begon te zoenen. Voor het eerst voelde ze de warme lippen waar ze zo naar had gehunkerd. De handen op haar billen waar ze over had gedroomd. Het lawaai om haar heen verdween en ze woelde met haar handen door zijn haar.

'Je bent zo mooi,' fluisterde Mo en hij liet zijn tong langs haar hals glijden. 'Al die tijd wil ik...'

Haar huid brandde. 'Ja, ik ook.'

Zijn hand verdween onder haar trui en langzaam bewoog hij zijn vingers omhoog. Ze boog naar achter om hem meer ruimte te geven en net toen ze haar ogen sloot hoorde ze schoten. Meteen liet Mo haar los en ze viel bijna naar achter.

'*Merde*, traangas.' Hij sloeg zijn sjaal voor haar mond. 'Ren.'

Malou keek om zich heen maar bleef staan. Nergens leek het meer veilig en mensen vluchtten alle kanten op. Haar ogen begonnen al te prikken.

'Het café in.' Ze hoorde Mo's stem net boven het gegil uitkomen.

Ze draaide zich om, maar zag hem nergens meer. Een

paar studenten beukten tegen de glazen deur van het café, maar kregen hem niet open. Plotseling zag ze het silhouet van een man over het terras vliegen met een stoel hoog boven zijn hoofd, die hij dwars door de deur gooide. Glassplinters vlogen in haar haren.

'Mo!' riep Malou. Hij stootte met de stoel de resten van het glas weg en gebaarde dat ze moest komen. Ze greep zijn hand en ze stapten naar binnen, gevolgd door meer studenten.

In het café was het donker. Drommen demonstranten stroomden nu van alle kanten naar binnen om ook te schuilen. Mo had haar stevig bij haar arm vast. 'Ik moet terug. Alain halen.'

'Je broer? Heb je die gezien?'

Een vrouw die paniekerig haar weg naar binnen zocht, stootte tegen Mo aan en hij kon maar net overeind blijven staan. 'Ik zag hem ineens op straat. Ik wil hem ook hier binnen hebben.'

'Ik ga mee.'

Mo kneep harder in haar arm. 'Nee, ik wil dat je hier binnen blijft. Echt.'

'Malou!'

Ze draaide zich om. 'Odile, gelukkig.'

'Wat een chaos!' Malou kreeg een vluchtige omhelzing van haar vriendin. 'Zo fijn om je hier veilig binnen te zien.' Odile gaf een korte knik naar Mo. 'Jij ook oké?'

'Ja, maar ik moet mijn broer nog van de straat halen. Wil jij Malou meenemen?'

Odile klopte het stof van haar blazer. 'We moeten inderdaad snel naar huis.'

'Precies,' zei Mo zichtbaar opgelucht en liet haar eindelijk los. 'Het wordt te heftig.'

Malou wist dat discussiëren nu geen zin meer had. 'Wanneer zien we elkaar dan weer?'

'Morgen.'

Opnieuw klonken schoten. De fluitjes kwamen weer dichterbij en nog meer studenten renden naar binnen. Nu had Malou moeite te blijven staan. 'Waar?'

'Gare du Nord.' Mo pakte haar bij haar beide schouders. 'De trein van acht uur 's ochtends.'

'Waarheen?'

'Marseille. Weg van hier.'

'Echt?'

'Ja, wij samen,' fluisterde hij en kuste opnieuw haar hals. 'Ik hou van je.'

En voordat Malou kon reageren, verdween hij door de kapotte deur, terug naar het geweld op straat.

Saint-Tropez, 2022

Sylvie schonk zichzelf een tweede glas rosé in en tikte een berichtje in de groepsapp met Louis en Gabriel. *Leef hier in een surreële wereld. 't Gaat van kwaad tot erger. Bel later.*

Meteen stuurde Louis een hele rij vraagtekens terug, maar ze reageerde niet. Eerst moest ze zelf orde in deze chaos proberen te creëren. Om te beginnen letterlijk en daarmee hopelijk ook figuurlijk.

'Merde!' riep ze en nam een grote slok. 'Wat een bende.'

Ze zette twee koekenpannen recht, maakte weer een nette stapel van de borden en legde de staafmixer terug in de kast. Vervolgens raapte ze de handdoeken van de vloer en keek naar de plank met de kruiden. Welke gek had hier aangezeten? Alle potjes stonden door elkaar, een paar waren omgevallen en half open, waardoor overal oregano lag. Deze agent had waarschijnlijk zelf nog nooit achter het fornuis gestaan.

Ze dronk haar glas in één teug leeg, zette de ahornsiroop op zijn plek, en daarna de gedroogde basilicum, de bieslook, de cajunkruiden en de chilipepers. Alles moest natuurlijk terug op alfabetische volgorde, precies zoals ze het bij Cordon Bleu had geleerd. Terwijl ze tussen de potjes naar de dille zocht, besefte ze ineens wat er allemaal was gebeurd. De plank leek te golven en ze greep naar het aanrecht. Hugo... Er klopte iets echt niet.

Die late avonden, de talloze appjes op zijn telefoon, de onverwachte dure cadeaus, de zogenaamde lange wandelingen met die arme Maxie. Eigenlijk had ze gedacht dat hij een maîtresse had, maar ze had er niet naar willen vragen. Hij zou het toch hebben ontkend. Maar nu vermoedde ze dat er iets heel anders speelde, dat het om een vorm van verraad ging die schadelijker was dan simpel overspel.

'Merde,' zei ze weer en toen ze opkeek zag ze de dille staan. Zonder precies te beseffen wat ze deed, greep ze naar het potje en gooide het in een rechte streep tegen de muur. Glas sprong in het rond en een wolk gedroogde dilleblaadjes dwarrelde om haar heen.

'Ma chérie,' klonk de bekende zware stem ineens achter haar. 'Wat doe jij nou?'

Met een ruk draaide Sylvie zich om. 'Jezus Hugo, ik schrik me gek.'

'Jij hebt zelf de deur opengelaten, hoor. Waar is iedereen?'

'Ik hoopte dat jij me dat kon vertellen.' Ze leunde tegen het aanrecht, in de ijdele hoop dat hij de glassplinters niet zou zien. 'Waar is Maxie trouwens?'

'In de tuin, die ligt ergens in de schaduw uit te hijgen. We hebben lang gewandeld.'

'Gewandeld hè?'

Hugo nam zijn bril af en terwijl hij hem met zijn T-shirt

schoonmaakte, keek hij haar vanonder zijn wenkbrauwen aan. 'Ja, is dat ook al niet goed?'

'Ach wat zal ik zeggen, ik dacht... misschien ben je wel bezorgd.'

'Om jou?' Hij zette heel langzaam zijn bril weer op, waarschijnlijk om te benadrukken dat ze zich niet zo druk moest maken. 'Maar natuurlijk... Vertel. Wat zeiden ze op het bureau? Was het inderdaad een misverstand?'

Haar hartslag versnelde. 'Absoluut niet.'

'Wat dan? Te veel snelheidsovertredingen?' Hij schoof op een kruk aan het kookeiland en pruilde met zijn lippen. Het gebaar irriteerde haar meteen. Zij was opgehaald door de politie, een uur lang ondervraagd en dan zat hij hier gekke bekken te trekken. Wat bezielde hem eigenlijk? 'Of hebben ze hier Lou's drugsvoorraad gevonden?' ging hij verder.

'Huug, het is geen grap.'

Haar man blies traag een lange adem uit. 'Nee, dat maakte dat potje tegen de muur wel duidelijk. Echt bizar. Waarom doe je zoiets? Wat is er toch met je aan de hand?'

'Met míj?' De adrenaline schoot door haar heen. 'Verdomme Huug, wees eindelijk eens eerlijk.'

'Waarover?'

'Heb je verschillende opties dan? Heb je over meer dingen gelogen?'

Hij schudde zijn hoofd. 'Natuurlijk niet, doe eens rustig, zeg.'

'Prima, dan zal ik het heel kalm vragen.' Sylvie liep naar

hem toe en pakte net te hard zijn arm. 'Wil je met mij meelopen naar de zitkamer?'

Tot haar verbazing stond hij meteen op. 'Wat valt er te zien?'

'Een verrassing.'

Terwijl ze samen naar de zitkamer liepen, schuurde zijn arm vluchtig langs haar schouder. Er was een tijd geweest dat ze meteen haar arm om hem heen had geslagen, maar nu versnelde ze juist haar pas. Fysiek contact was het laatste waar ze op dit moment behoefte aan had. Vlak voor de schouw bleef ze staan. 'Wat zie je?'

'Weinig.' Hugo keek om zich heen. 'Behalve dat de politie de boel niet zo netjes heeft achtergelaten.'

'Wat dacht je van de schilderijen?'

'Mijn god.' Hugo sloeg zijn hand voor zijn mond. 'Hebben ze die echt meegenomen?'

'Inderdaad, en nu vraag ik me al een uur af: waarom in vredesnaam?'

Haar man deed een stap naar achter en zakte verslagen op de bank. 'Dit is slecht nieuws.'

'Dat heb ik inmiddels ook wel begrepen.' Ze ging in de stoel tegenover hem zitten. 'Hugo, wat speelt hier?'

Hij wrong zijn handen samen. 'Syl… Sorry, ik weet niet waar ik moet beginnen.'

'Bij het begin?'

Hij knikte. 'Maar je moet me beloven dat je het aan niemand vertelt.'

De zon reflecteerde in zijn brillenglazen, maar Sylvie

zag een glimp van een emotie die ze niet direct kon benoemen, maar nooit eerder bij hem had gezien. 'Alleen als we het samen geheim kunnen houden,' ging hij verder, '... redden we het misschien.'

Je bent een eikel en ik wil jouw geheimen niet bewaren, wilde ze terugroepen, maar ze bleef stilzitten en knikte alleen.

Hij ging verzitten. 'Goed, nou... we hadden dus geld nodig...'

'We?' onderbrak ze hem meteen. 'Dat is me dan even ontgaan.'

'Ik bedoelde natuurlijk met de meisjes op een dure school en...'

Sylvie schudde haar hoofd. 'Je gaat nu niet de schuld bij ons gezin leggen. Jij hebt...'

'Ja inderdaad, ík heb niet alle winst bij de belasting opgegeven.' Hij gooide zijn handen dramatisch in de lucht en begon sneller te praten. '*Shoot me*, maar noem één Fransman die de fiscus niet om de tuin leidt. Het is een nationale sport en ja, ik heb me ook laten verleiden.'

'Nu is ineens het systeem de schuldige?'

Hij knikte weer. 'Zeker weten, alleen ik ben natuurlijk wel zelf zo stom geweest om die schilderijen met zwart geld te kopen. Echt heel dom, dat had ik nooit moeten doen. Dat besef ik nu ook. Maar jij vond ze zo mooi, dus ik kon ze gewoon niet laten hangen.'

'O nu komt het door mij?' Sylvie schudde haar hoofd, vooral uit ongeloof. 'Wat bezielde je?'

Hugo haalde zijn schouders op. 'Liefde?'

'*Really*, sinds wanneer dan?' vroeg ze en voelde het zuur van haar sarcasme. 'En is dit echt alles wat je hebt gedaan?'

'Wat zou er dan nog meer aan de hand kunnen zijn?'

Hugo keek haar nu weer recht aan en ineens wist ze wat ze net in zijn ogen had gezien. Angst. Voor het eerst had hij echt even bang geleken. Maar nu was die emotie alweer verdwenen en zag ze alleen nog die bekende zelfverzekerdheid, op het randje van arrogantie.

'Ik geloof je niet.'

'Dan niet.'

'Nee, hier kom je niet mee weg.' Ze boog zich naar voren en tikte op haar borst. 'Ik word niet alleen beschuldigd van fraude, maar ook van corruptie. Ik zou met steekpenningen aan vergunningen zijn gekomen. Voor de nieuwe locatie van Les Jumelles.'

Hugo trok zijn wenkbrauwen op. 'Dat is een heftige beschuldiging.'

'Precies, en ik heb het niet gedaan.'

'En jij denkt ík wel?'

Sylvie wist dat als ze nu eerlijk zou antwoorden ze het fundament onder hun huwelijk definitief zou opblazen. 'Ik weet eigenlijk niet meer wat ik moet denken,' zei ze daarom zo neutraal mogelijk.

'Nou, mooi is dat. Mijn eigen vrouw die me niet vertrouwt.' Hugo trok zijn neus op. 'Heb je trouwens gedronken?'

'Ja mam, sinds wanneer drink jij al met de lunch?' Lilou

stond met de fles rosé in haar hand in de deuropening. 'Ik dacht dat pa de enige alcoholist van de familie was.'

Sylvie schoot omhoog. 'Hé lieverd, wat fijn dat je er bent. Sta je hier al lang?'

'Je bedoelt of ik jullie heb afgeluisterd?' Lilou schonk zichzelf een glas wijn in. 'Nee, maar dat het geen lekker gesprek was kon ik in de keuken wel horen. Djezus, doe allebei eens chill, zeg.'

Nu stond Hugo ook op. 'Voor mama was het vanochtend niet zo leuk bij de politie. Dat moesten we even bespreken.'

Sylvie klemde haar tanden zo hard op elkaar dat de pijn door haar kaak schoot. De lafaard. Wees eens eerlijk, wilde ze hem het liefst toeroepen. Laat eens zien wat voor een eikel je bent. Maar het ging nu niet om haar, of om Hugo. Hier stond haar kind en dat wilde ze geruststellen.

'Kom, laten we gaan lunchen,' zei ze daarom snel en haakte zonder Hugo aan te kijken haar arm in die van haar dochter. 'Ik heb nog groentesoep van gisteren en dan doen we er wat van dat vijgenbrood bij.'

Lilou grinnikte. 'Mam, je hebt echt een eetstoornis. Bij grote problemen ga je nog meer eten.'

'Dat heb ik van je grootmoeder. Die schijnt ook zo van eten te hebben genoten.'

Terwijl ze uiteenzette waarom uiensoep het beste middel tegen verdriet was, liepen ze naar de keuken. Sylvie wist dat Hugo hen volgde, maar ze draaide zich niet om. Want als ze hem wel had aangekeken, had ze misschien haar minachting niet meer kunnen verbloemen. En die emotie wilde ze koste wat kost voor haar dochters verborgen houden.

Parijs, 1968

Malou wipte van het ene been op het andere. Het was nog koud, zo 's ochtends vroeg, en ze had echt een warmere trui aan moeten doen. Ze wierp een blik op de bruinleren koffer die naast haar op de stoep stond. Nog maar een paar maanden geleden had ze die van haar ouders gekregen toen ze naar Parijs kwam om te studeren. En wie had toen ooit gedacht dat ze hem nu alweer zou volproppen om verder te reizen.

Een koude windvlaag gleed langs haar benen en Malou huiverde weer. Snel knipte ze de koffer open, schoof wat boeken aan de kant en trok de paarse sjaal tevoorschijn die ze van Odile voor haar verjaardag had gekregen. De zachte wol gaf haar nek precies voldoende warmte.

Ze keek op haar horloge. Het was bijna twintig voor acht en Mo had er eigenlijk al moeten zijn. Ze twijfelde of ze alvast kaartjes moest gaan kopen. Misschien had hij dat ook al gedaan, en bovendien wist ze niet zeker of ze er zelf wel genoeg geld voor had. Eigenlijk wist ze helemaal niets zeker. Odile had haar voor gek verklaard toen Malou vertelde dat ze dit onbekende avontuur aanging.

Nadat ze gisteravond veilig thuis waren gekomen, had haar huisgenoot haar de hele avond geprobeerd te overtuigen niet te gaan. Marseille zou volgens Odile een ruige havenstad zijn en ook daar waren nu heftige protesten aan de gang. 'Bovendien ken je Mo pas een paar maanden. En wat ga je daar dan doen? Je kent helemaal niemand in die stad!'

Hoewel Malou zelf eigenlijk ook niet precies wist waarom ze hier nu stond, had ze Odile wel uitgelegd dat dit absoluut geen impulsief besluit was. 'Het is echt maar voor een paar dagen. En volgens Mo is Parijs de komende week veel te gevaarlijk, dus het is beter als we even weggaan. Waarom ga jij niet ook mee?' had ze gevraagd. Maar haar vriendin wilde per se in Parijs blijven en waar nodig helpen met de gewonden.

Dat eigenlijk de kus en die paar woorden die Mo in haar oor had gefluisterd de belangrijkste redenen waren dat ze had besloten te gaan, had Malou maar niet verteld. Odile had dat belachelijk gevonden.

Op de grote stationsklok was het nu bijna tien voor acht. Malou viste een pakje Gauloises uit haar binnenzak en stak met enige moeite uit de wind haar sigaret aan. Meteen zoog ze de rook diep in en voelde de rust door haar lichaam glijden. Mo zou zo wel komen, probeerde ze zichzelf te overtuigen, en als hij toch te laat zou komen, dan was dat eigenlijk niet zo erg. Er gingen vandaag vast nog meer treinen naar het zuiden.

Ze wenkte de man die met een stapel kranten voor zijn buik rondliep en kocht *Le Parisien Libéré*, de krant waarvan ze wist dat Mo die ook las. Waarschijnlijk vooral omdat deze krant als verzetskrant in de Tweede Wereldoorlog was opgericht.

Odile had wel gelijk dat Mo erg gepassioneerd sprak over het verzet tegen autocratische regimes in het algemeen en tegen het Franse in bijzonder. Malou wist eigenlijk weinig van de Algerijnse onafhankelijkheidsstrijd, behalve dat het een vuile oorlog werd genoemd en er veel discussie was over het aantal slachtoffers. Algerije zei dat er in acht jaar tijd anderhalf miljoen doden waren gevallen, de Fransen hielden het bij 350.000. Maar ze begreep niet waarom Mo nou specifiek zo tegen president De Gaulle was, hij was juist diegene geweest die de onafhankelijkheid in gang had gezet.

'Meer dan 160.000 studenten op straat,' las ze de kop op de voorpagina zachtjes voor. In het artikel stond dat De Gaulle had geroepen open te staan voor sociale hervormingen, maar dat hij deze totale chaos streng veroordeelde en al vandaag meer politie de straat op zou sturen. Verder voorspelde het artikel dat Frankrijk volledig verlamd zou raken door alle stakingen.

Malou vouwde de krant weer dicht en drukte haar sigaret uit. Vijf voor acht. Op het plein om haar heen was het nog rustig, maar dat was op zondagochtend wel vaker zo. Op het grote bord stond aangegeven dat de trein naar Marseille gewoon zou vertrekken. Waarschijnlijk kon ze toch beter maar alvast naar het perron lopen.

Met de zware koffer in haar hand liep ze via de bijna lege vertrekhal door naar het kopstation. Daar stond inderdaad een trein te wachten en de laatste mensen stapten al in. Waar was Mo nou? De conducteur blies kort op zijn fluitje. Zou hij al in de trein zitten?

Malou sleepte haar koffer nu achter zich aan en liep vlug langs de ramen van de coupés. De trein zat ramvol en passagiers probeerden hun bagage in de rekken te krijgen. Ze hoorde kinderen huilen en ouders luid ruziemaken, maar nergens zag ze Mo's lange lichaam bovenuit steken.

'Mo!' riep ze en begon sneller te lopen. Af en toe stak ze haar hoofd in een open raam. 'Mo? Zit je hier?'

De conducteur floot nu twee keer heel hard en de locomotief begon geluid te maken. Moest ze nou ook instappen? Ze kon binnen in de trein vast nog een kaartje kopen, maar misschien zat Mo er wel helemaal niet in. Malou draaide zich om en keek terug naar de vertrekhal. Het perron was nu bijna leeg op een ouder echtpaar na dat nog wild stond te zwaaien. Hier was Mo zeker niet meer, als hij er al was geweest.

'Mo... Mohammed,' riep ze nog eens, maar de trein kwam al langzaam in beweging. In een reflex ging ze harder meelopen, maar het had geen zin. Steeds sneller kwamen de rode lijnen van de coupés voorbij en de mensen achter de ramen werden alsmaar vager.

Malou rende nog even hijgend mee, maar aan het eind van het perron liet ze met een plof haar koffer uit haar hand vallen. Mo was niet gekomen en ze had geen idee wat ze nu moest doen.

Saint-Tropez, 2022

Sylvie parkeerde het bestelbusje precies tussen twee grote vrachtwagens in en liep de steeg achter haar restaurant in. Het leek nog warmer te zijn geworden en ze pakte een haarclip uit haar tas waarmee ze haar lange haren hoog opstak. Meteen voelde ze een zachte bries langs haar hals glijden en zuchtte diep. Tijdens de rit hiernaartoe had ze hard met de radio meegezongen, in de hoop wat te kunnen ontspannen, maar Hugo's ontkenningen bleven door haar hoofd heen gaan. Waarom was hij nou niet eerlijk geweest?

Tijdens de lunch had hij nauwelijks over de beschuldigingen gesproken, maar vooral over de schande van de meegenomen schilderijen. En al die tijd had hij niet één keer genoemd dat hij ze zelf met zwart geld had betaald.

Ze had hem wel kunnen villen en tegelijkertijd had ze niet geweten hoe ze de waarheid met haar dochter erbij had kunnen bespreken. Lilou had mokkend aan tafel gezeten en uiteindelijk had Hugo zijn aandacht verlegd naar haar sieradenwinkeltje bij Le Club 55, en hadden ze daarover voor de honderdste keer geruzied.

Toen de discussie op het punt stond te escaleren, probeerde Gretl haar gelukkig voor de vijfde keer te bereiken en had Sylvie een geldig excuus gehad om snel te vertrekken. Een vlucht natuurlijk, dat wist ze zelf ook wel. Ergens vandaag moest ze een hardere confrontatie met Hugo aangaan, maar Les Jumelles was altijd haar ontsnapping geweest als de buitenwereld te ingewikkeld werd.

Nu passeerde ze de achtergevel van Fromagerie du Marche en zwaaide naar de dochter van de eigenaar die zich direct omdraaide en naar binnen liep. Gelukkig stond Gretl tussen de vuilnisbakken achter Les Jumelles te roken. Haar kleine souschef zwaaide wel meteen terug en de felgekleurde tattoos op haar smalle arm staken helder af tegen de grauwe tonen van de steeg.

'Mag ik er ook een?' vroeg Sylvie terwijl ze naast haar tegen de muur ging staan.

Gretl leek niet verbaasd haar te zien en haalde meteen vanuit haar schort een voorgedraaid shagje tevoorschijn. 'Ik heb er wat kruimels wiet in gedaan. Niet veel, net genoeg om de *edge* ervan af te halen.'

'Dat kan ik wel gebruiken.'

'Dat dacht ik al.'

Gretl stak de joint aan, blies er even tegenaan en gaf hem toen aan haar. Sylvie nam meteen een trekje. 'Hoe is het hier?'

'Een grote shitzooi.' Gretl trapte tegen een blikje. 'Eenentwintig annuleringen voor vanavond.'

Sylvie trok harder aan de joint, de scherpe tabak brandde in haar keel. 'Dat vreesde ik al.'

'Allemaal met kutsmoezen,' siste Gretl afkeurend. 'Zogenaamde zieke kinderen, last minute vergaderingen, buikvirussen. Maar niemand, echt helemaal niemand, heeft het lef om te zeggen waar het echt om gaat. Dat ze zo hypocriet zijn dat ze om wat vage beschuldigingen hun grote favoriet als een blok laten vallen.'

'Mensen zijn kuddedieren.'

'Erger nog.' Gretl spuugde op de grond. 'Laffe honden zijn het.'

'Valse katers.'

Ze grinnikten allebei even maar keken daarna weer zwijgend voor zich uit. Langzaam maakte de wiet Sylvies schouderspieren zachter en haar hoofd lichter. Het was vaak alleen in stilte dat ze een echte connectie voelde met mensen die haar dierbaar waren. Woorden leken de verbinding altijd te verbreken. Dat ze was opgegroeid bij haar grootouders die hun grote verlies alleen zwijgend konden dragen, had daar vast niet bij geholpen.

'Is het waar? Van die steekpenningen?' vroeg Gretl ineens.

'Voor een deel.' Sylvie keek opzij naar het kleine ronde hoofd, dat er zelfs zo kaalgeschoren nog vriendelijk uitzag. 'Ja, ik denk dat het wel is gebeurd. Maar ik heb er niets mee te maken.'

'Wie dan?'

Sylvie nam een grote hijs. 'Dat zoeken ze nu uit,' zei ze ontwijkend. Ze kon niet hardop zeggen dat ze misschien was verraden door haar eigen man. Vooral niet tegen deze jonge vrouw die alles had gegeven om Les Jumelles tot een succes te maken.

'Hij of zij, of *whoever*, moet in ieder geval een kogel krijgen,' besloot Gretl. Ze gooide haar joint op de grond en trapte hem met zoveel ingehouden woede uit dat er een stofwolkje ontstond. 'De Netflix-guys komen nu zeker ook niet meer?'

'Dat ziet er inderdaad niet positief uit. Ze hebben nog steeds niet teruggebeld.'

'Fúck, maar luister, je gaat het niet opgeven hè?' Gretl pakte haar arm. 'Je moet echt gewoon door blijven gaan. Wij blijven je toch wel steunen.'

'Dat is lief.'

'Lief? Nee, juist stoer.' Ze stampte nogmaals hard met haar Dr Martens op de stoep. 'We laten ons niet wegjagen.'

Sylvie grinnikte, net wat langer dan normaal. 'Je hebt ook gelijk. Hoeveel tafels zijn er vanavond nog over?'

'Vier, waarvan één bezet door die vrienden van je. Gabriel belde net nog om de reservering te bevestigen.'

'Wat een kanjers zijn het toch.' Sylvie nam een laatste trek. 'Nou, dek er dan nog maar een tafel bij. Ik kom ook, met Beau en Lilou.'

'Tik aan.' Gretl hield haar hand in de lucht en Sylvie gaf haar een high five. 'We gaan er een mooie avond van maken.'

Nu schoten ze allebei in een melige lach, waarvan Sylvie even bang was dat ze er niet uit kon komen. Maar toen zag ze hem ineens staan, aan het begin van de steeg. De lange, donkere man van vanochtend. De lach gleed in één keer van haar gezicht.

'Zeg luister, misschien moet je weer eens aan de slag?'

Gretl keek haar even verbaasd aan, maar knikte daarna driftig. 'Je hebt helemaal gelijk. We moeten gewoon door. We hebben nog maar een paar uur voor het diner. En trouwens, maak je geen zorgen, we redden het hier makkelijk. Ga jij maar lekker even thuis tijd doorbrengen met je gezin.'

Terwijl Sylvie haar ogen gericht hield op de stilstaande man aan het begin van de steeg, gaf ze haar souschef een korte knuffel. 'Merci, chérie. Ik zie je vanavond.'

Gretl duwde met haar schouder de zwarte achterdeur open en liet hem daarna met een klap dichtvallen. Terwijl het geluid in het straatje nagalmde, kwam de man al haar kant op. Het liefst was ze achter Gretl aan naar binnen gedoken, maar ze wilde niet de indruk geven dat ze van hem wegvluchtte. Ze had niets te verbergen, dus de confrontatie was altijd de beste keus.

'Kijk aan, de heer Delroy als ik me niet vergis,' zei ze zo formeel mogelijk en ze stak haar hand uit. Hij was nog langer dan ze zich herinnerde en ze moest echt omhoog kijken. 'Wat kan ik voor u doen?'

Door zijn donkere zonnebril kon ze zijn reactie niet goed inschatten, maar ze zag wel weer dat kuiltje in zijn wang verschijnen. 'Zeg maar gewoon Xavi.'

'Nou, meneer Delroy...' Zijn greep was steviger dan ze verwachtte en ze kon net een kreet onderdrukken. 'Het zal vast geen toeval zijn dat u hier rondloopt.'

'Zeker niet. Ik dacht... misschien wil ze nu wel een interview geven.'

'Waarom zou ik van gedachten zijn veranderd?' vroeg ze terwijl ze niet naar het kuiltje in zijn wang probeerde te kijken.

'Omdat ze nu ook je echtgenoot verdenken.'

'Dan weet u meer dan ik,' zei ze, terwijl ze zich afvroeg waarom ze toch Hugo weer probeerde te beschermen.

De journalist zette zijn bril af en keek haar strak aan. Opnieuw leek het alsof zijn donkere ogen haar gedachten konden lezen. 'Dat lijkt me sterk.'

'Denk vooral wat u wilt.'

'Dat zal ik zeker doen.' Hij grinnikte. 'Wellicht heb je dan ook de laatste tweet van Netflix niet gelezen.'

'Geen idee,' zei ze zo luchtig mogelijk. 'Ging dat over een documentaire ofzo?'

'Jij kan echt niet liegen, zeg. Iedereen weet toch dat je in de race was voor *Chef's table*.'

'Is dat zo?'

'Absoluut, en het goede nieuws is... Ze willen nog steeds met je verder.'

Ze keek omhoog. 'Echt? Waar heb je dat gehoord?'

'Hé, ineens ben ik een "jij" geworden. Heel goed, misschien kunnen we dan eindelijk een normaal gesprek inplannen.'

Xavi vertelde dat ene Zoranksy van Netflix had getweet dat ze de komende zomer 'op een indringende manier een vrouwelijke chef in Saint-Tropez' zouden gaan volgen. 'Volgens mij kan dat er maar één zijn. Toch?'

Tot haar eigen verrassing begon Sylvie weer te lachen.

Misschien was het de wiet, of het bericht van Netflix, maar ineens zag de steeg er een stuk minder grauw uit. Het viel haar zelfs op dat een bloeiende paarse bougainville aan de overkant in het warme zonlicht stond te schitteren.

'Ik wist niet dat ik zo grappig was.' Xavi haalde weer een kaartje uit zijn zak. 'Hier nog eentje, voor het geval je de andere kwijt bent geraakt. Bel me zo snel mogelijk.'

Voordat ze door haar lachbui heen kon zeggen dat ze dat echt niet ging doen, had ze het kaartje al aangepakt en liep hij met grote stappen de steeg uit.

Het duurde even voordat ze op adem was gekomen. Ze gooide het kaartje in de vuilnisbak en duwde in een reflex met haar schouder de achterdeur open. Meteen deed ze een stap terug. Nee, ze ging nu juist niet de keuken in. Werken zou nu echt een vlucht zijn en Gretl had gelijk, haar aandacht moest vandaag bij haar gezin liggen.

Sylvie pakte haar telefoon uit haar tas en berichtte haar dochters in hun groepsapp. *Lieverds, we moeten praten. Vanavond 2030 in Les Jumelles. Sorry @Beau ik weet dat je net weer in Marseille bent, maar kom je svp ook?*

Meteen stuurde Beau een duimpje terug. Lilou had het bericht ook gelezen, maar reageerde niet. Toch wist Sylvie dat ze wel zou komen, want Beau hing op dit moment ongetwijfeld aan de telefoon om haar zus te vertellen dat ze het niet kon maken er vanavond niet bij te zijn.

Nadat ze een appje naar Louis had gestuurd om hem te bedanken voor zijn steun vanavond en eentje naar Hugo dat ze elkaar vandaag nog verder moesten spreken, zag

Sylvie haar badpak onder in haar tas liggen. Zwemmen, dat kon helpen. Op haar rug liggend in de branding kon ze misschien bedenken waarom Hugo zo met dat zwarte geld aan het rommelen was. Wat wilde hij daarmee bereiken? En dan steekpenningen betalen om de vergunningen voor Les Jumelles rond te krijgen? Ze had hem dat nooit gevraagd, het kon bovendien haar levenswerk alleen maar heel erg schaden. Misschien zou ze haar restaurant zelfs op last van de gemeente moeten sluiten. *Waarom toch Huug?* appte ze er daarom nog achteraan.

Sylvie draaide zich al om en wilde naar het strand lopen toen ze inhield, en toch de vuilnisbak weer opende. Boven op een stapel dozen lag nog steeds het kaartje en heel snel, alsof ze wilde dat niemand het zag, pakte ze het op en stopte het in haar tas. Als deze Xavi saillante details over Hugo en Netflix wist die zij zelf niet eens kende, had hij misschien echt wel meer informatie over haar ouders, zoals hij eerder suggereerde. En die kans kon ze toch niet laten lopen. Al moest ze wel alert blijven, want iets in zijn verhaal klopte niet. Maar ze moest eerst haar hoofd weer helder krijgen om te bedenken wat dat precies kon zijn.

Parijs, 1968

Malou rilde toen ze de telefooncel in stapte. Van de kou ongetwijfeld, maar ook van de spanning. Ze kon haar spieren maar niet onder controle krijgen. Vooral haar benen leken een eigen leven te leiden. Als Mo niet hier was, dan hadden ze hem misschien wel opgepakt. Of erger nog: was hij gisteravond toch gewond geraakt. Ze voelde zich ineens zo egoïstisch dat ze daar niet eerder aan had gedacht.

Ze graaide in haar broekzak, vond gelukkig nog twee tokens en gooide er een in het apparaat. Meteen kwam haar hospita aan de telefoon.

'Hallo?'

'*Madame Hossier, Odile est là*?'

De oude vrouw antwoordde niet, maar ze hoorde haar stommelen. Waarschijnlijk liet ze nu de telefoon aan de lijn bungelen en liep ze naar de trap.

'Odile!' klonk het inderdaad luid en Malou wachtte op de snelle voetstappen op de trap. Maar het bleef stil. De telefoon begon te piepen en snel gooide ze haar tweede token erin.

'Ze is er niet,' mompelde de hospita.

'Kunt u het alstublieft nog een keer proberen? Het is een noodgeval.'

'*Mon Dieu*! Die meiden,' zei de vrouw klagend, maar

toch riep ze nog een keer naar boven en nu hoorde Malou de traptreden kraken.

'*Qui est là*?'

'Odie, Malou hier.'

'Jeetje, moet jij niet in de...'

'Ik sta nog op het station... Mo is niet gekomen.'

'Hè? Waarom niet?'

'Ik weet het niet...' Haar stem trilde. 'Misschien is hij wel... Zou je willen kijken of hij thuis is? Je weet wel, boven de boekhandel, bij ons om de hoek, en...' De piep klonk er weer doorheen. 'O nee, mijn tokens zijn op.'

'Wacht, blijf daar. Ik kom je halen.'

'Hoe dan?'

'Ik leen hier een fiets, ben er zo en...'

Met een klik werd de verbinding verbroken, en met de hoorn nog in de hand leunde Malou met haar hoofd tegen het toestel. Haar ogen vulden zich met tranen. Ze had wel geruchten gehoord dat er bij de laatste protesten doden waren gevallen. Maar die had ze niet willen geloven, want dan klonk het echt alsof ze in oorlog waren. En nu bekroop haar een onheilspellend gevoel. Misschien was Mo wel... Nee, niet aan denken, fluisterde ze tegen zichzelf.

Waarschijnlijk zat hij vast op het bureau en had hij geen mogelijkheid meer gehad haar te bellen. Of was hij gewond geraakt en had hij geen vriend kunnen vinden om haar te waarschuwen. Want zo zat hij in elkaar. De laatste dagen had ze gezien dat hij voor anderen zorgde, ook als hij daarmee zichzelf in gevaar bracht. Ze dacht weer aan gisteravond toen hij de straat op ging om zijn broer te redden. De vlammen, de schoten, de knuppels…

Ineens dreunde het glas van de cel en haar hoofd schoot omhoog.

'Hallo?'

Malou draaide zich geïrriteerd om en keek recht in het gezicht van een zichtbaar boze vrouw met een kind op haar arm die opnieuw op de deur bonsde. 'Opendoen! Er moeten nog meer mensen bellen.'

Snel hing Malou de hoorn op de haak, pakte haar koffer en wurmde zich uit de cel. Ze was voor Nederlandse begrippen niet lang, maar alles in Frankrijk leek precies een maat te klein.

Het plein voor Gare du Nord was inmiddels een stuk drukker geworden, vooral met gezinnen en veel bagage. Tientallen kinderen renden rond terwijl hun ouders druk met elkaar in gesprek waren. Waarschijnlijk om van elkaar te horen welke treinen vandaag nog wel zouden rijden.

Le Parisien Libéré voorspelde gisteren al dat er een uittocht van families zou ontstaan. Simpelweg omdat Parijs echt te gevaarlijk begon te worden. En ze was zo ontzettend stom en naïef geweest om ook dat in eerste instantie niet te geloven. Mo had het haar een paar keer gezegd en als ze naar hem had geluisterd, dan waren ze nu misschien allebei veilig geweest.

Malou legde haar koffer plat op de grond, ging erbovenop zitten en opende opnieuw de krant. Alsof ze nog iets kon lezen. Haar ogen bleven waterig en de letters leken op het grauwe papier alle kanten op te dansen. Gedachteloos staarde ze naar de grote foto op de voorkant. Ze zag een kaarsrechte colonne van agenten met opgegeven knuppels tegenover een ongeregeld rijtje studenten met stenen in hun hand aan de andere kant van de straat staan. Het was overduidelijk een ongelijke strijd aan het worden. Als het ooit al gelijkwaardig was geweest.

'Lou!'

Malou keek op en zag Odile zigzaggend tussen de mensen door recht op haar afkomen. Onmiddellijk depte ze haar ogen, zwaaide naar haar vriendin en liep haar kant op. 'O wat ben ik blij jou te zien.' Ze omhelsde Odile. 'Je hebt geen idee.'

'Ik denk dat ik me daar wel wat bij kan voorstellen. Hoe laat was je vanochtend de deur uit? Ben je helemaal hierheen gelopen?'

Malou knikte. 'Er reed geen metro meer.'

'Je zal wel kapot zijn. Kom.' Odile tikte op de bagagedrager. 'Dan rijden we snel langs Mo.'

Malou was ontzettend dankbaar dat haar vriendin meteen tot actie overging en haar niet eerst uitgebreid de les ging lezen over de mogelijke dubbele agenda van Mo of dat ze sowieso nooit met hem mee had moeten gaan.

Snel zette Malou zich af en stapte achterop. 'Hoek Rue de Four en Rue Princesse.'

Odile maakte meteen vaart en draaide behendig de Boulevard Sebastopol op. Normaal was het rond deze tijd spitsuur, met honderden bussen, taxi's en auto's die dwars door elkaar heen schoten, maar nu was de straat bijna leeg. Malou zag alleen af en toe wat mensen met boodschappentassen langs de rij dichtgetimmerde winkels schuifelen. Gisteravond waren hier duidelijk ook auto's in brand gestoken en overal lag puin op straat. Odile maakte af en toe een plotselinge draai om losse stenen of takken te vermijden.

Bij de Pont Saint-Michel over de Seine, begon Malou de chaos ook te ruiken. Een zure mix van vervlogen traangas, verbrande autobanden en rottend afval. Al zeker een week werd het vuilnis niet meer opgehaald en dat kon niemand meer negeren. Ze duwde haar sjaal tegen haar neus en greep met haar andere hand Odiles middel om te voorkomen dat ze door de keitjes van Rue de Four van de bagagedrager zou trillen.

Na vijf minuten die een half uur leken te duren, zag ze eindelijk het uithangbord van de boekhandel in beeld komen. Nog voordat Odile was gestopt sprong Malou al van de fiets, liet met een klap haar koffer op de stoep vallen en rende naar de deur naast de winkel. Ze trok aan de bel, klepperde met de brievenbus en riep omhoog naar zijn raam. 'Mo? Mohammed, ben je thuis?'

'Mo!' gilde nu ook Odile die naast de fiets was blijven staan. 'Hé vriend! Hier is Malou. Waar ben je?'

Maar hoe hard ze ook riepen, achter het raam van zijn appartement bleef het stil. Geen enkel geluid, geen enkele beweging. Alleen naast de deur van de boekwinkel werd het rolgordijn demonstratief naar beneden getrokken.

Malou ging door haar knieën, opende de brievenbus en gilde voor een laatste keer naar binnen. 'Mo! Ben je daar?'

Nu hoorde ze ineens wel voetstappen op de trap. 'Mo?' Ze voelde haar ogen weer prikken. 'Ik ben het, Malou.'

Ze hoorde het geluid van de sleutel in het slot en toen de deur openzwaaide, stapte ze meteen naar binnen. 'Chéri, waar was je…?'

'Pardon?' vroeg een man die ze nog nooit had gezien. Hij was lang, donker en droeg een grote, zwarte bril. 'Mademoiselle?'

Malou deed direct een stap naar achter. 'Waar is Mo?'

'Die is gisteravond vertrokken. En u bent?'

'Malou.' Haar lip trilde. Was Mo echt zonder haar weggegaan? 'Malou Meekes.'

'Wie ben jij eigenlijk?' klonk achter haar Odiles luide stem. 'Wat doe jij hier?'

'*Enchantée*.' De man stak zijn hand uit. 'Ik ben Alain Said. Mo's jongere broer.'

Saint-Tropez, 2022

'Heb je echt de hele middag op het strand geslapen? Op een strandbedje?'

Sylvie giechelde. 'Niet eens.'

'Gewoon in het zand?' vroeg Lilou.

Ze knikte. 'Het gebeurde zomaar.'

Lilou's mondhoeken trokken licht omhoog, iets wat voor haar het dichtst bij een glimlach kwam. 'Midden in deze ellende?'

Sylvie knikte opnieuw. 'Bijna drie uur lang, gelukkig net in de schaduw van die strandtent, Les Garniers.'

Ze zaten aan haar favoriete tafel, in de hoek van het terras van Les Jumelles, precies op de grens van binnen en buiten. Zo kon ze alles goed overzien en gelukkig was het ondanks alle annuleringen toch nog best druk geworden met binnenlopers. Sommige klanten waren naar haar toe gekomen om even hallo te zeggen en een ouder stel had zelfs benadrukt dat ze niets van de beschuldigingen geloofden. Sylvie had niet durven zeggen dat die misschien toch wel heel dicht bij de waarheid kwamen.

'Respect hoor, mam.' Lilou hief haar glas wijn en haar zwart omrande ogen schitterden vanonder haar roze lok. 'Zo relaxed zie ik je niet vaak.'

Sylvie klonk haar glas met dat van haar dochter en voelde even een connectie tussen hen die de laatste jaren steeds zeldzamer was geworden. Ze moest de neiging onderdrukken om te onthullen dat ze zoveel had geslapen omdat ze extreem stoned was geworden van Gretls onverwacht heftige joint. Maar ze wilde een verantwoordelijke moeder zijn voor haar dochters, niet hun beste vriendin die leuk mee wilde doen met hun leven.

'Ik denk dat ik gewoon erg moe was van alle hectiek,' zei ze daarom ontwijkend. 'Heb je papa trouwens nog gesproken? Ik probeer hem al de hele tijd te bereiken.'

In één keer verdween de voorzichtige glimlach van Lilou's gezicht en keerde haar blik naar binnen. 'Sinds de lunch niet meer. Hij vertrok meteen nadat jij was weggegaan. En hij heeft mij met de shit van het eten achtergelaten. Ik heb echt álles moeten opruimen.'

Sylvie pakte Lilou's hand. 'Merci chérie, het is even een rare tijd. Maar het komt goed.'

'Jezus mam, ik ben drieëntwintig.' Lilou trok haar hand geïrriteerd terug. 'Ik heb ook heus wel door dat deze shit niet makkelijk goed komt.'

'Dat weet ik lieverd.' Sylvie vouwde langzaam haar servet open en legde het op schoot. Ze moest proberen rustig te blijven. 'Maar ik wil het allemaal niet groter maken dan het is.'

Lilou schoof onderuit. 'Ik word gek van dit toneelstuk. Ook net met die lunch, echt zó niet chill, het ging alleen maar over die fucking schilderijen. Wat boeit mij dat nou? Wat is er nou écht aan de hand? Waar komen deze beschuldigingen ineens vandaan? Waarom zat je zo lang op het bureau?'

'Ik hoor wat je zegt,' zei Sylvie met kalme stem. Ze keek op haar telefoon. Tien over half negen. 'Maar ik wil even op Beau wachten. Ik wil het met jullie samen bespreken.'

Lilou rolde met haar ogen. 'Whatever. Waar is ze eigenlijk? Die is nooit te laat.'

'Vast vertraging met de bus, ze komt er ongetwijfeld zo aan. Wil jij nog een glas wijn?'

Zonder op antwoord te wachten gebaarde Sylvie naar haar jonge sommelier Billy. Maar voordat ze zijn aandacht kon vangen, zag ze Louis en Gabriel via het terras binnenkomen. Sylvie zwaaide meteen, maar de twee kwamen al in een rechte lijn op hun tafeltje af. Ze kregen allebei een korte knuffel.

'Mooi die roze lok, Lou, staat je goed.' Louis depte zijn bezwete voorhoofd. 'En Syl, wat zie jij er ook fantastisch uit! Lekker kleurtje. *Sun kissed*. Niet normaal hoe warm het al is.'

Lachend pakte Gabriel Louis om zijn middel. 'Zoals jullie weten, is mijn echtgenoot niet zo goed met emoties. Wat hij dus eigenlijk wil zeggen...Wat fijn jullie hier samen te zien. Ondanks al het gedoe van vandaag. Vertel, hoe gaat het?'

'Dat zou ik ook wel willen weten.' Lilou sloeg haar armen over elkaar. 'Hier wordt weer eens lekker gezwegen.'

Sylvie kneep in haar servet. 'Wat Lilou dus eigenlijk wil zeggen...' Ze keek haar dochter streng aan. 'Is dat we nog even wachten totdat Beau er ook is, zodat we het als gezin kunnen bespreken.'

'Is Beau te laat?' vroeg Louis verbaasd.

'Niet te geloven hè, nu is deze stoute dochter wel eens een keer op tijd,' zei Lilou terwijl ze haar lippen op elkaar kneep en met haar stoel op en neer wipte. Langzaam gleed haar hemdje van haar schouder en een getatoeëerde zwarte slang kwam tevoorschijn.

'Heb je toch weer een tattoo genomen?' Sylvie boog zich over de tafel. 'Ik dacht dat je papa had beloofd dat niet meer te doen.'

Lilou veerde op. 'Alsof hij zich aan zijn beloftes houdt!'

'Lilou Joubert.' Sylvie hoorde hoe haar stem omhoogschoot. 'Ga onmiddellijk zitten.'

Gabriel hield zijn handen in de lucht. 'Dames, dames.'

'Syl, doe alsjeblieft een beetje rustig,' fluisterde Louis. 'Het valt op.'

Nu pas zag Sylvie dat sommige gasten inderdaad geschrokken hun kant op keken en ze glimlachte zo breed mogelijk terug.

'Je hebt gelijk.' Ze ademde diep in en probeerde haar stem onder controle te krijgen. 'We zijn allemaal gespannen. Sorry Lou... Wil je alsjeblieft weer gaan zitten?'

Zonder haar aan te kijken schoof haar dochter weer aan tafel. 'Duimen dat Beau hier snel is, dan kan ik ook snel weer weg.'

'Dat hoop ik ook voor jullie.' Louis kneep kort in Sylvies schouder. 'Maar wel lief zijn voor je moeder. Dit is niet makkelijk voor haar. Er staat veel op het spel.'

Lilou keek niet op van haar telefoon. 'Tuurlijk.'

'Nou mooi,' zei Gabriel snel. 'Dan laten we jullie. Tot later. Ik bel je.'

Het liefst had Sylvie hem aan zijn arm naar beneden getrokken en hem gedwongen aan tafel te komen zitten. Gabriel had dit gevecht met haar dochter in veel betere banen kunnen leiden, maar in plaats daarvan knikte ze alleen naar hem. 'Gretl heeft mooie kreeften gekocht, geniet ervan.'

Terwijl de twee naar hun vaste tafel onder de plataan liepen, hield Lilou haar telefoon omhoog. 'Beau is al drie uur niet meer online geweest.'

'Misschien is haar telefoon leeg?' Sylvie keek ook op haar schermpje. 'Ze heeft mijn appjes inderdaad ook niet gelezen. Zal ik haar even bellen?'

'Dat lijkt me verstandig, het is bijna negen uur.'

Sylvie belde haar dochter, maar de verbinding werd meteen verbroken. 'Niet eens voicemail. Die telefoon is echt leeg.'

'Best vreemd… Als dokter moet ze toch altijd bereikbaar zijn?'

'Dat zou je zeggen.' Het voelde alsof iemand hard op haar borst drukte en Sylvie ademde diep in. Zou haar familie nu ook al lastiggevallen worden? Misschien werd Beau wel ergens tegenhouden? Door die Xavi bijvoorbeeld, met allemaal rare vragen. Of Jerome die… Nee, dat was waanzin.

'Hoewel, volgens mij geldt dat alleen als ze dienst heeft,' zei ze snel, vooral om zichzelf gerust te stellen. 'En die heeft ze vorig weekend al gehad.'

'Dat zal dan wel. Kunnen we alvast wat brood bestellen?' Lilou nam een slok water. 'Ik verga van de honger.'

Sylvie bestelde *pain payans, crudités* en bij Billy nog een glas rosé van het Domaine du Val de Gilly dat ze recent had herontdekt. Heel fris, droog en licht nootachtig.

Nadat Billy de glazen vol had geschonken schoof Sylvie dichter naar haar dochter toe. 'Wat bedoelde je eigenlijk met dat papa zich ook niet aan zijn belofte houdt?'

'Ik dacht dat je pas serieus wilde praten als mijn zus hier ook was,' zei Lilou op een toon die de afstand tussen hen extra benadrukte. 'Zij is toch de verstandige van ons twee?'

'Verdorie Lou... O wacht.' Sylvie pakte haar telefoon. 'Ik zie dat Adam belt.' Sylvie zette de telefoon op speaker zodat Lilou mee kon luisteren. 'Adam, wat leuk, dat is lang geleden. Hoe is het met je?'

Ze hoorden alleen zwaar gehijg.

'Adam?' vroeg Lilou nu. 'Ben jij dit wel?'

'O lieverds...'

Sylvies hart versnelde. 'Wat is er?'

'Beau.' Adams stem trilde. 'Het is Beau...'

'Wat?' riep Sylvie uit. 'Wat is er?'

'Ze heeft een ernstig ongeluk gehad.'

'Nee.' Sylvie sloeg haar hand voor haar mond en haar telefoon viel op de grond. 'Nee, niet Beau.'

Lilou pakte meteen de telefoon van de vloer. 'Adam, wat is er?'

'Lieve Lou, het spijt me... Beau ligt in coma.'

'Jij gaat mee.' Gabriel duwde Louis naar voren. Tranen liepen over zijn wangen. 'Ik kan dit totaal niet aan. Niemand heeft iets aan mij.'

Louis stond als verstijfd midden in het restaurant, waar het ijzig stil was geworden. 'Maar ik kan niet meer rijden. Ik had thuis al te veel gedronken.'

'Fuck.' Gretl liep zenuwachtig heen en weer, terwijl ze haar schort in haar handen wrong. 'Ik heb geen rijbewijs. Een Uber bellen?'

Sylvie hoorde de gesprekken wel en zag de mensen om haar heen bewegen, maar ze leek er niet meer te zijn. Ze voelde haar ademhaling, de tranen in haar ogen, de trillingen in haar spieren maar ze wist dat wat ze ook zou zeggen, niemand haar meer kon horen.

'Ik rij.' Lilou stond ineens in het midden van de groep. Ze leek langer dan anders. 'Mam, waar zijn je sleutels?'

'Zou je dat wel doen?' vroeg Gabriel die een arm om Lilou heen sloeg. 'Kan je je wel concentreren?'

'Geen probleem,' zei haar dochter kalm en ze pakte haar tas. 'Zitten ze hierin, mam?'

Sylvie wilde wel knikken, maar ze kon zich niet meer bewegen. Met haar servet nog in haar handen zat ze zwijgend op haar stoel.

Lilou had de sleutels al in haar hand. 'Kom, we gaan. Mam, staat je auto achter in de steeg?'

'Ja, helemaal achteraan, voorbij de vuilnisbakken,' antwoordde Gretl meteen.

'Eerlijk zeggen...' Louis pakte Lilou's schouders en keek haar recht aan. 'Heb je echt niet te veel gedronken?'

'Nog niet eens een half glas wijn. Ga je mee?'

Sylvie merkte dat ze uit haar stoel omhoog werd getrokken en dat Gabriel haar ondersteunde terwijl ze door het restaurant en de keuken naar buiten liepen. Gasten keken haar meelijdend aan, van haar medewerkers kreeg ze een klopje op haar schouder of een korte knuffel. Ze besefte het wel, maar registreerde het niet.

Gretl hielp haar de passagiersstoel in en Louis schoof achterin. Ondertussen beloofde Gabriel dat hij Maxie zou opvangen en uitlaten.

'We nemen de A8, dan zijn we er hopelijk binnen anderhalf uur,' zei Lilou terwijl ze achter het stuur ging zitten. 'Mam, hou je dat vol?'

Sylvie probeerde te knikken maar wist niet zeker of ze daadwerkelijk haar hoofd had bewogen.

Lilou startte meteen de motor en reed naar achteren. 'Louis, wil jij mijn telefoon uit mijn tas pakken? De code is ons geboortejaar, 1999, ja ik weet het, te makkelijk. Wil jij please blijven proberen mijn vader te bereiken? En app Adam af en toe voor de laatste stand van zaken.'

Louis deed onmiddellijk wat hem werd gevraagd, maar al snel werd duidelijk dat hij niemand kon bereiken. Sylvie zag de lichten van de haven verdwijnen, ze voelde de warmte van de avond door het open raam, ze rook de jasmijn en kon maar aan één beeld denken. Haar dochter aan slangen, met piepende apparaten om zich heen en helemaal alleen op de intensive care.

Ze legde haar hand op Lilou's knie en vond haar stem terug. 'Dank je, lieverd.'

Na bijna twee uur die voor Sylvies gevoel een etmaal hadden geduurd, liepen ze met zijn drieën de gang van de intensive care op. Voor een raam zag Sylvie het grote lichaam van Adam staan. Zijn schouders in elkaar gezakt, zijn hoofd leunend tegen het glas.

'Adam!'

Hij draaide zich om en een flauwe glimlach gleed over zijn gezicht. 'Eindelijk.' Ze gaven elkaar een korte knuffel en hij wees naar het raam. 'Daar ligt ze.'

Sylvie zag een bijna donkere kamer, met slechts een bed in het midden. Door alle machines eromheen kon ze niet zien of er iemand onder de lakens lag. Maar ze zag dat Hugo ernaast stond en Beau's hand vasthield.

'Heb jij mijn man gebeld?' vroeg ze.

Adam knikte. 'Gelukkig was Hugo al in Marseille en kon hij er snel zijn.'

'Gelukkig ja,' herhaalde Sylvie, en ze probeerde een reden te bedenken waarom haar man hier was geweest maar zijn telefoon niet had opgenomen. 'Dank je, Adam.'

Voorzichtig opende ze de deur en stapte de koude ruimte in. 'Hé Huug.'

'Ons meisje,' zei hij zonder zich om te draaien. Zijn stem klonk vlak, bijna mechanisch. 'Totaal verwoest.'

Sylvie deed een stap naar voren en zag het nu ook. Beau's gezicht was deels met verband ingepakt, alleen haar voorhoofd, dat onder de schrammen zat, was nog goed te zien. Via een slang in haar mond werd ze beademd en haar ogen waren gesloten. De rest van haar slanke lichaam lag onder een dunne blauwe deken, één been werd hoger gehouden door een katrol. Sylvie hield haar handen voor haar mond om een kreet te onderdrukken en voelde haar benen slap worden. Net op tijd pakte Hugo haar hand.

'Ze zeggen dat ze is gevallen. Van het perron, net toen de metro kwam.' Hij streelde zacht haar vingers. 'Ze schijnt het perron nog te hebben kunnen pakken waardoor ze een frontale botsing kon vermijden.'

'Ons meisje,' herhaalde Sylvie zachtjes en ze kuste Beau's voorhoofd. Haar huid voelde koud en Sylvie legde voorzichtig haar warme hand erop. 'Lieverd... Mama is er.'

'Ze zat vast tussen de metro en het perron,' ging Hugo kalm verder. 'Ze zijn lang bezig geweest haar eruit te krijgen. Adam was er de hele tijd bij.'

'Wat zei de arts?'

Ze hoorde dat Hugo antwoordde maar zijn stem leek van ver te komen. Ze ving alleen wat flarden op. Mogelijk een schedelbasisfractuur, zwellingen in haar hoofd, gebroken oogkas, heup verbrijzeld en haar linkerbeen op zeven plekken gebroken.

In een poging te blijven staan, ademde Sylvie diep in. De koude, zure lucht van de ic stroomde naar binnen. 'Wat kunnen ze nu doen?'

'De komende vierentwintig uur zijn cruciaal. Ze houden haar kunstmatig in coma, om haar lichaam tot rust te laten komen. Daarna kunnen ze pas zeggen wat de blijvende schade zal zijn.'

'Blijvende schade?'

Hugo trok haar iets dichter naar zich toe. 'Ze weten het niet, maar die zwellingen... Het ziet er niet goed uit.'

'Mon Dieu.' Haar ogen vulden zich weer met tranen. 'Ons arme meisje.'

Ze keek achterom en zag Lilou ook met een betraand gezicht achter het raam staan. Net toen ze haar wilde wenken, schoof de deur open en stapte een arts naar binnen. Met een bezorgde blik legde ze uit dat Beau vooral baat had bij rust, dat er nu een infuus vervangen moest worden en dat daarom het bezoekuur over was. Sylvie knikte alleen en bleef staan.

'Wilt u dus even met mij meelopen?' besloot de jonge vrouw. 'Ik zou graag iets met u willen bespreken.'

Sylvie wilde helemaal nergens heen en had de neiging Beau's bed vast te houden, maar zonder iets te zeggen trok Hugo haar zachtjes mee en leidde haar naar de gang.

Lilou keek hen vragend aan en Sylvie omhelsde haar meteen. De reflex om haar dochter gerust te stellen en te zeggen dat alles goed zou komen kon ze nog net onderdrukken.

'We moeten even met die dokter praten,' fluisterde ze in Lilou's oor. 'We komen zo terug.'

Sylvie liep in een waas achter de jonge arts aan, naar de spreekkamer waar rond een lage tafel twee comfortabele banken tegenover elkaar stonden. Posters met foto's van gezinnen die elkaar omarmden, folders met nummers van hulplijnen en een doos tissues maakten duidelijk dat dit de familiekamer voor slechtnieuwsgesprekken was.

'Ga zitten, alstublieft,' bood de vrouw vriendelijk aan. Hoewel Sylvie liever meteen de kamer weer was uit gevlucht, ging ze toch naast Hugo op de bank zitten. Ze drukte haar knieën hard tegen elkaar aan en kneep haar handen in een bal samen. Hier ging iets gezegd worden wat ze absoluut niet wilde horen.

De arts bleef staan en keek geconcentreerd naar de iPad in haar hand. 'Ik heb hier de laatste MRI-uitslag, die is volgens mij al bij jullie bekend. Het ziet er dus allemaal niet zo gunstig uit, vrees ik. Het wordt een spannende vierentwintig uur.' Ze zuchtte diep. 'Willen jullie misschien wat water?'

Beiden schudden ze hun hoofd en nu ging de arts gelukkig wel zitten.

'Ik ben Emma LeBlanc, de professor van uw dochter. Ik begeleid Beau bij het eiwitonderzoek. We zijn allemaal erg geraakt door wat er is gebeurd.' De vrouw keek even weg, depte met de palm van haar hand haar ogen, maar haar stem bleef stabiel. 'Ik verzeker u dat uw dochter hier in haar eigen ziekenhuis uitmuntend wordt verzorgd.'

'Dat is fijn om te horen,' zei Hugo en reikte de arts een tissue aan. 'Het is zo onwerkelijk.'

Dokter LeBlanc knikte. 'Dat begrijp ik, we hebben zelf ook moeite om het te bevatten. En wat ik nu ga zeggen, is misschien nog lastiger om te horen…'

Zeg het dan niet, wilde Sylvie de vrouw toeroepen, maar ze bleef zwijgend zitten en kneep nog harder in haar handen.

'We hebben met de verschillende behandelende artsen bij elkaar gezeten en we bleken allemaal dezelfde vermoedens te hebben.' De vrouw maakte een prop van de tissue. 'De aard van de verwondingen wijzen niet op een val... maar op een suïcidepoging.'

'Nee!' Sylvie stond direct op. 'Dit is echt onzin.'

De arts schudde haar hoofd. 'Het spijt me, het was overduidelijk een krachtige sprong.'

'Dat kan niet! Beau was supergelukkig, ze had net die beurs gekregen.'

Hugo pakte haar hand. 'Syl, please ga weer zitten, laat de dokter...'

'Absoluut niet.' Met een ruk trok ze haar hand los. 'Onze dochter is gevallen. Gewoon een stom ongeluk. Ze zou nooit haar eigen leven...'

'Nou, ze ervaarde anders wel grote druk,' onderbrak de arts haar.

'Dat komt door jullie!' Sylvie voelde haar slapen kloppen. 'Jullie laten die studenten zo hard werken.'

'Syl, verdorie doe rustig,' siste Hugo.

'Ik denk dat vooral de verhuizing haar stress gaf.' Dokter LeBlanc bleef kalm doorpraten terwijl ze met de prop papier speelde. 'Twee jaar in Boston studeren... Dat is een lange tijd.'

'Boston?' riep Sylvie nu. 'Waar heeft u het over?'

'De beurs is voor Harvard. Heeft ze dat u niet verteld?' De dokter keek haar schuin aan. Even dacht Sylvie zelfs een licht triomfantelijke blik te zien.

'Nee, Boston heeft ze nooit genoemd.'

'Dat zegt dan wel genoeg.' De dokter zuchtte. 'Dan was ze duidelijk bang dat jullie te vertellen.'

De kamer leek te draaien en Sylvie greep de leuning van de bank. 'Ze kan ons juist alles vertellen,' zei ze nu veel zachter. 'Echt altijd álles.'

'De druk die ouders op hun kinderen leggen kan erg zwaar wegen. Vaak is het onbedoeld, maar toch,' begon de dokter weer. 'Kinderen willen altijd dat hun ouders trots zijn en...'

'Stop!' Sylvie hief haar hand op. 'Genoeg! Dit is zo'n waanzin.'

Ze schopte tegen de tafel en zonder verder nog iets te zeggen liep ze met grote stappen de kamer uit. Terwijl ze de gang afspeurde naar Lilou bleef slechts één woord in haar hoofd rondgalmen. *Suïcide.* Hetzelfde woord dat haar als kind ook altijd had achtervolgd.

1968

Langzaam verdween het vervallen station van Aix-en-Provence uit het zicht. De afgebladderde muren vol vergeelde posters, de houten bankjes die spijlen misten, zelfs het uniform van de conducteur die met het fluitje nog in zijn mond steeds kleiner werd, zag er versleten uit. Het bleef Malou verbazen hoe chic Parijs was en hoe slecht onderhouden de provincie bleek te zijn. Gedurende de hele treinrit was het haar al opgevallen dat de hoofdstad en de rest van Frankrijk weinig met elkaar te maken hadden. Ook het aantal demonstranten bleek in de voorbijschietende steden veel minder te zijn. Als er al een revolutie gaande was, dan speelde die zich alleen in Parijs af.

De ramen stonden ver open, maar gaven weinig verkoeling. Malou wapperde met haar opgevouwen krant en keek opzij. Alain was naast haar tegen een hoofdsteun in slaap gevallen. Zijn mond hing een beetje open, zijn bril was afgezakt en ze hoorde hem licht snurken. Toch zag hij er nog aantrekkelijk uit en ze was zich ineens bewust van zijn lichaam zo dichtbij. Misschien kwam het door zijn stoppelbaardje, maar hij leek volwassener dan zijn oudere broer Mo. Gespierder ook.

Snel sloot Malou haar ogen en probeerde als afleiding terug te denken aan de hectiek van de laatste vierentwintig uur. De politie had de wijk Saint Germain helemaal afgezet en er was een avondklok ingesteld. Sommige bekenden waren daarna zonder enige reden opgepakt en vrienden doken bij elkaar onder om arrestatie te voorkomen. Ondertussen hadden ze urenlang geprobeerd Mo te bereiken. Alain wist uiteindelijk een nummer van een neef te achterhalen bij wie zijn broer in Marseille zou gaan logeren, maar het werd al snel duidelijk dat Mo daar nog niet was aangekomen.

Alain bleek niet te hebben geweten dat Mo had beloofd met haar naar de havenstad te reizen. Maar hij had meteen voorgesteld om alsnog met haar mee te gaan en samen zijn broer te gaan zoeken. Volgens Alain kon het niet anders dan dat hier sprake was van een misverstand. Hij was ervan overtuigd dat Mo haar nooit zomaar in de steek zou laten. Hij beschouwde het daarom als zijn plicht om de belofte van zijn broer in te lossen.

Odile had het haar natuurlijk opnieuw afgeraden. Ze had Malou apart genomen en geprobeerd op haar in te praten. Maar argumenten als 'je kent deze Alain totaal niet', 'je hebt niet genoeg geld' en 'Marseille is geen veilige stad' waren niet overtuigend genoeg geweest. Malou wilde achterhalen waarom Mo zomaar was vertrokken en uitzoeken wat hij voor haar voelde. En natuurlijk ging ze ook vanwege het idee onderdeel van iets groters te zijn, dezelfde reden die haar een jaar geleden naar Parijs had getrokken.

Toen ze vanochtend vroeg door Odile op het perron

werd uitgezwaaid, was ze dan ook vol goede moed vertrokken. Maar nu, na dertien uur in een overvolle, warme trein te hebben gehangen, merkte ze dat haar twijfels toenamen. Alain was beleefd en zorgzaam en had zelfs ergens op een perronnetje een fles Pernod en Gauloises voor haar weten te bemachtigen. Maar hij had niets over zichzelf of zijn broer verteld en bleef nogal afstandelijk. Het schurende gevoel met een totaal onbekende op pad te zijn, was nog niet verdwenen.

De trein schudde plotseling en Malou stootte haar hoofd tegen het raam. Meteen schoot Alain wakker. 'Gaat het?'

Ze knikte. 'Mag ik nog iets te drinken?'

Hij reikte haar een bekertje water aan waarin hij eerst nog een forse scheut Pernod deed. Daarna bood hij de fles ook aan het oudere stel tegenover hen aan, maar dat schudde zwijgend het hoofd. Al de hele reis hadden ze weinig gezegd. Malou had ze alleen een paar woorden Duits horen uitwisselen.

'Mag ik je iets vragen?' Ze nam een grote slok. De dropachtige alcoholsmaak brandde in haar keel. Eigenlijk durfde ze Alain niet aan te kijken en ze bleef geconcentreerd uit het raam turen, waar nu heuvels vol wijnranken voorbijschoten. 'Je hoeft niet te antwoorden hoor.'

Alain grinnikte. 'Dat klinkt onheilspellend.'

'Nou, het is meer...' Vlug nam Malou nog een slok, meer om moed te verzamelen dan dat ze de drank zo lekker vond. 'Ik weet zo weinig over jullie.'

'Wat wil je dan precies weten?'

Alles wel eigenlijk, wilde ze zeggen. Bijvoorbeeld waar ze waren opgegroeid. Of ze nog broers of zussen hadden. Of hun ouders nog in Algerije woonden. En vooral waarom Mo zo fel tegen president De Gaulle was, maar ze vroeg alleen: 'Waarom zijn jullie in Parijs gaan studeren?'

'Waarom jij?'

'Het avontuur,' zei ze stellig. 'Als je uit Lochem komt, heb je maar één doel... Zo snel mogelijk daar wegkomen.'

Alain lachte en ze draaide zich nu wel naar hem toe. Achter zijn bril zag ze zijn pretogen glinsteren. 'Dat vat het voor ons ook wel samen,' zei hij. En terwijl hij de Pernod nog eens bijschonk, begon Alain te vertellen over de hoofdstad Algiers waar ze als kind hadden gewoond. Hij sprak over warme avonden en steegjes vol geurende kruiden. Precies zo exotisch als ze het zich had voorgesteld. Hij vertelde ook dat de stad wel El Behdja, *de vrolijke*, wordt genoemd. Maar dat het zo niet voor hen voelde. 'We woonden vlak bij de Kasbah, de vesting, een buurt uit de vierde eeuw. Prachtig hoor. Kleine straatjes, mooie huizen, maar we voelden ons er opgesloten.'

'Herkenbaar.' Door de warmte had ze nog steeds zo'n dorst dat ze haar bekertje in één keer leegdronk. 'Maar wat voelde dan zo onvrij?'

'De tradities.'

'Zoals?' vroeg ze en ze hield haar beker omhoog voor meer water.

Alain schonk nu alleen de Pernod in. 'Mijn vader heeft een moderne hotelketen, maar is ook een conservatieve moslim. Hij hamert op vooruitgang, maar ook op religieuze toewijding en een beheerst leven.'

'Niet helemaal het ideale wereldbeeld van een student.'

Ze schoten nu samen in de lach en klonken net te hard met hun bekertjes tegen elkaar. 'Op verstikkende tradities.'

De rest van de reis deelden ze anekdotes over tafelmanieren die werden gekoesterd, oudtantes die de laatste roddels bijhielden, familierecepten die geheim moesten blijven en het gebed dat zo belangrijk bleef. Het verbaasde Malou hoe sterk hun levens in essentie op elkaar bleken te lijken, al kwamen ze op papier uit twee totaal verschillende werelden.

Toen ze de voorsteden van Marseille in reden was de fles Pernod bijna leeg en voelde Malou dat de alcohol haar lichaam slapper en haar hoofd lichter had gemaakt. Net genoeg om moediger te durven zijn.

'Hoe denkt je familie over relaties?' Ze frunnikte aan de zoom van haar blouse. 'Ik bedoel… mag je zelf iemand uitzoeken om mee te trouwen?'

Een rimpel verscheen tussen zijn wenkbrauwen. Zijn ogen keken spottend. 'Waarom niet?'

'Nou, met die tradities…' stamelde ze en baalde dat ze erover was begonnen. 'Hé, is dat niet de basiliek de la Garde?'

'Waar zie je die?' Alain boog zich meteen naar het raam en leek haar onhandige vraag gelukkig alweer vergeten te zijn.

'Daarboven.' Ze wees naar de grote, witte kerk op een heuvel. 'Is dat hem?'

'Absoluut.'

'Schitterend zeg.' Nu zag ze ook de torenspits met bovenop de vergulde Maria, die in de avondzon licht leek te geven. 'Mo had me er al over verteld. Hij heeft altijd zulke mooie verhalen over deze regio.'

'Waarom verbaast me dat nou niet,' zei Alain en voor het eerst hoorde ze irritatie richting zijn broer. Voordat Malou kon vragen wat hij precies bedoelde minderde de trein vaart.

'We zijn er.' Alain stond meteen op en pakte haar koffer al uit het rek. 'Als we vlug uitstappen hebben we misschien nog een taxi. Die zijn met deze drukte snel vergeven.'

'Maar ik denk dat ik niet genoeg geld heb om…'

Alain bleef in de deuropening van de coupé staan. 'Maak je niet druk. Wij van de familie Said zorgen voor onze vrouwen.'

En terwijl Alain zich omdraaide en het halletje in liep, bleef het woordje 'onze' in haar hoofd rondzingen. Hij had het vast goed bedoeld, maar dat was precies waar ze nu tegen streden: niet langer een bezit zijn van iemand. Als mens in het algemeen, maar als vrouw in het bijzonder. Ze moest straks aan hem uitleggen waarom dit soort uitspraken niet langer konden. Zonder hem te beledigen natuurlijk.

Malou knikte gedag naar de Duitse vrouw die haar nu

meewarig aankeek en volgde Alain door de gang. Het was inderdaad al druk, met mensen die langs elkaar drongen en koffers die van alle kanten tegen haar benen duwden. Ze veegde met haar mouw het zweet van haar voorhoofd, en voelde hoe het ook langzaam in haar nek drupte. De alcohol leek de verwarming in haar lichaam nog een paar graden hoger gezet te hebben.

'Malou, hier!' zei Alain luid, maar ze zag zo ook wel dat hij zich pontificaal voor de deur had gepositioneerd. Niemand paste er meer naast. Ze bleef achter hem staan en zag door het kleine raam het perron al traag voorbijglijden. Ook daar stonden weer veel mensen. Het was niet duidelijk of ze stonden te wachten om de trein in te stappen, of om passagiers op te halen.

'Kijk.' Alain klopte ineens op het raampje. 'Kijk Malou, daar staat hij te wachten.'

Het bloed schoot naar haar wangen en ze moest een paal pakken om te blijven staan. 'Mo? Is Mohammed toch al aangekomen?'

'Natuurlijk niet,' zei Alain zonder om te kijken en de trein kwam met een schok tot stilstand. 'Dat is Badr, mijn neef.'

Met een luide zucht schoven de deuren open en zwijgend volgde Malou Alain naar buiten. De opwinding van net was alweer weggezakt. Ze had heus niet verwacht dat Mo op haar stond te wachten, maar na die hoopvolle flits van net, kwam zijn afwezigheid toch hard aan. Zou hij dan nog niet gevonden zijn?

Badr bleek een kleine man, met lange bakkebaarden en een dikke buik onder een te klein hemd. Zijn snor hing slap van het zweet, maar zijn blik straalde energie uit. Net als de pretogen van Alain.

Nog voordat ze zich had kunnen voorstellen, kreeg Malou al twee natte kussen op haar wangen.

'Habibi!' zei Badr met een brede glimlach. 'Welkom in Marseille!'

Alain kreeg een stevige omhelzing en in rap Arabisch wisselden ze blijkbaar iets grappigs uit, want beiden schoten in de lach. En tussen al die mensen, kijkend naar dit familietafereel, voelde Malou zich ineens intens alleen. Wat deed ze hier in godsnaam? Ze keek naar de andere kant van het perron, waar een groep jongeren juist hun koffers een trein in duwden. Meteen had ze zin om met ze mee terug te gaan naar Parijs. Terug naar het centrum van alle opwinding en terug naar haar vrienden. Die ze eigenlijk in de steek had gelaten, besefte ze nu.

'Malou, heb je honger?' doorbrak Badr haar gedachten. 'Mijn vrouw heeft een heerlijke tajine gemaakt. Hou je van lam? Met abrikozen?'

Malou schudde haar hoofd. 'Nee dank u, we zijn hier voor Mohammed, is hij niet bij u?'

'Mo? Mijn neef?' Badr keek haar verbaasd aan. 'Heb je het nog niet gehoord? Die is vanochtend vroeg op het vliegtuig gestapt.'

Malou wankelde en greep naar een hekje. 'Wat?'

'Ja, naar New York.'

Marseille, 2022

Sylvie stond aan het begin van de gang en zag Lilou, nog steeds met haar neus tegen het raam. Adam had een arm om haar heen geslagen, Louis stond er wezenloos naast. Hoe ging ze deze mensen die ook zoveel van Beau hielden het volgende vreselijke bericht vertellen? Natuurlijk besefte ze dat ze net extreem onredelijk had gereageerd en dat de arts ook maar de boodschapper was geweest, maar haar suggestie was absurd. Beau zou nooit zelf zijn gesprongen. Haar dochter hield gewoon te veel van het leven. Ze was de zon van hun gezin.

Sylvie haalde heel diep adem en wist ineens zeker dat het beter was om dit horrorscenario niet te delen met deze drie. Ze konden niet nog meer verdriet aan en bovendien kon ze het dan zelf ook makkelijker negeren.

Louis had haar al gezien en zwaaide. Meteen liep Sylvie naar hen toe en pakte Lilou's hand die onverwacht ijskoud aanvoelde.

'Zijn ze haar infuus nog aan het vervangen?' vroeg ze en keek samen met Lilou naar de twee verpleegkundigen die rond Beau's bed bezig waren.

Lilou knikte. 'Ze lijkt zo klein.'

'En kwetsbaar, hè,' vulde Sylvie aan. 'Maar ze is sterk. Net als jij.'

'Veel sterker gelukkig.'

Terwijl Sylvie haar dochters hand warm probeerde te wrijven vertelde ze over Beau's verwondingen en het kunstmatige coma. Het viel haar zelf op hoe krachtig haar eigen stem nu alweer klonk. Het kunnen onderdrukken van heftige emoties was een vaardigheid die haar al in veel moeilijke situaties had gered.

'Wat kunnen we nu voor haar doen?' vroeg Lilou rustig, maar Sylvie zag dat haar ogen waterig waren.

'Eigenlijk niet zoveel.' Sylvie kneep in haar hand. 'Ik denk dat we nu beter allemaal naar huis kunnen gaan, wat proberen te slapen en morgen terugkomen. We kunnen allemaal wel wat rust gebruiken.'

Adam kuchte. 'Dat lijkt me verstandig.'

'Een heel goed idee,' hoorde ze ook Louis zeggen. 'Het zullen nog lange dagen gaan worden.'

'Zonder twijfel,' klonk Hugo's stem ineens achter haar en Sylvie draaide zich om. Hugo stond midden in de gang. 'De dokter vroeg ons ook om te gaan. Beau heeft rust nodig. Dat is echt het enige wat haar kan helpen.'

'Je hebt gelijk, Huug,' zei Sylvie meteen. 'En sorry van daarnet. Het was nogal gênant.'

Haar man wreef over zijn baardje. 'Gênant is een understatement.'

'Wat is er gebeurd?' vroeg Lilou, die haar hand nu losliet.

'Heeft je moeder dat niet verteld?' zei Hugo terwijl hij Sylvie strak aan bleef kijken. 'Ze heeft de dokter net volledig afgeblaft.'

‘Mam?’

‘Zo erg was het niet, bovendien was de dokter zelf ook niet zo vriendelijk,’ sputterde Sylvie. Ineens zag ze het. Die arrogante blik, die stoere houding. Hugo vergrootte haar fout om zijn eigen misstappen te kunnen verkleinen. ‘En jij steunde me trouwens totaal niet,’ besloot ze daarom.

‘Nee, want ik denk dat LeBlanc weleens gelijk kan hebben. Je legt inderdaad veel te veel druk op de meisjes.’

De gang leek smaller te worden en Sylvie zag alleen nog Hugo staan, met zijn samengeknepen ogen. ‘Ik? Hoe dan?’

‘Jij eist jouw tomeloze ambitie ook bij je dochters. Onuitgesproken natuurlijk, maar je verwacht wel de top.’

Sylvie schudde haar hoofd. ‘Wat een onzin. Ik leg hen niets op.’

‘O nee?’ Hugo deed een stap dichterbij. ‘Waarom denk je dan dat Beau zo keihard werkt?’

‘Misschien omdat ze het gewoon heel leuk vindt?’

‘Jezus Syl, doe niet zo onwetend.’ Hugo schudde zijn hoofd. ‘Niet te geloven… Dat doet ze natuurlijk om jou te pleasen. Zie je dat dan echt niet gebeuren?’

‘Met hard werken is niets mis.’

Hugo klakte met zijn tong. ‘Met een workaholic kopiëren wel.’

‘Nee, jij bent een lekker rolmodel voor ze…’

‘*What the fuck*?’ Lilou stapte tussen hen in. Haar wangen waren vuurrood. ‘Gaan jullie nu híér ruzie staan maken?’

‘Geen ruzie, gewoon een meningsverschil,’ blies Hugo

door zijn tanden. 'Omdat je moeder simpelweg de harde realiteit niet onder ogen wil zien.'

Sylvies kaken verkrampten en terwijl ze wist dat ze het niet moest doen, stapte ze toch om Lilou heen. 'Ik? Jij!' Ze wees naar haar man. 'Jíj negeert de werkelijkheid. Ik weet het Huug, ik weet alles.'

Hugo lachte schamper. 'Denk je?'

'De corruptie, de fraude, de...'

'Je hebt geen idee,' onderbrak hij haar meteen en keek toen ook naar zijn dochter. 'Trouwens Lou, je moeder wil niet geloven dat Beau een zelfmoordpoging heeft gedaan.'

Ineens viel iedereen stil. Alsof een regisseur had geroepen dat de scène was afgelopen en alle acteurs zwijgend op hun aangewezen plek moesten blijven staan. De stemmen, de piepjes en het gezoem op de ic leken in een geluidsvacuüm te verdwijnen.

Sylvie voelde het bloed door haar slapen suizen en pakte opnieuw Lilou's hand. 'Sorry lieverd, ik...'

'Nee!' Lilou rukte haar hand los. 'Jullie zijn verschrikkelijk... Allebei.'

'Het spijt me zo,' begon Sylvie opnieuw. 'We hadden niet...'

'Adam, kom.' Lilou wenkte gedecideerd haar oude vriend en liep daarna zonder om te kijken weg.

'Lou, wacht.' Sylvie wilde achter haar dochter aan lopen, maar Adam pakte haar arm. Ze voelde zijn krachtige hand om haar pols.

'Laat mij maar, Syl,' zei hij kalm. 'Ik breng haar wel naar huis.'

En terwijl Adam zijn lange lichaam omdraaide en in een onhandig drafje achter Lilou aan ging, besefte Sylvie meteen dat ze zich er beter niet meer mee kon bemoeien. Alles wat ze nu zou doen, zou Lilou nog meer van streek maken. En terecht. Ze hadden zich echt misdragen.

'Nou Syl, dat heb je weer goed voor elkaar,' zei Hugo toen Adam de hoek om liep.

Ze zou verder kunnen gaan over zijn leugens of kunnen beginnen over zijn vreselijke cynische toon en totaal misplaatste opmerkingen, maar ze haalde alleen haar schouders op. 'Weet je Hugo, we zouden ons allebei moeten schamen.'

'Spreek voor jezelf. Ik ga.' Hugo knikte naar Louis. 'Kun jij haar thuisbrengen?'

'Nee!' Sylvie ging recht voor hem staan. 'Je kunt toch niet zomaar weglopen. We moeten nog bespreken waarom...'

'Dat kan ik zeker, sterker nog: ik moet zelfs weg.'

'Hoezo moet?'

'Ik moet dingen regelen...' Hugo stopte even en leek haar gezicht te bestuderen. Waarschijnlijk zag hij haar wanhoop want de strenge frons tussen zijn wenkbrauwen verdween ineens. 'Vertrouw me Syl, ik leg later alles nog uit.'

'Leugenaar,' fluisterde ze meer tegen zichzelf dan tegen haar man, die al was omgedraaid. Ze volgde zijn zelfverzekerde tred door de gang. Hoofd omhoog, handen in zijn zakken. Aan niets kon je aflezen dat dit een man was die een gevangenisstraf als het zwaard van Damocles boven het hoofd hing.

'Pfoe, jullie maken het elkaar niet makkelijk zeg,' klonk een zware stem naast haar en Louis sloeg een arm om haar heen. 'Kom lieverd, dan gaan wij ook.'

'Kunnen we nog even blijven kijken?' Ze wees naar Beau's kamer. 'Een minuutje?'

Louis glimlachte. 'Zo lang als je wilt.'

En terwijl ze samen naar de geroutineerde handelingen van het verplegend personeel keken, voelde Sylvie de adrenaline langzaam uit haar lichaam glijden. Haar spieren ontspanden en een diepe moeheid viel als stromend water over haar heen. Ze legde haar hoofd tegen Louis' schouder. 'Fijn dat je er bent.'

'Vanzelfsprekend.' Louis trok haar dichter tegen zich aan. 'Al was het maar om jou een beetje in het gareel te houden.'

Ze glimlachte en zag ineens een gedrongen man in de spiegeling van het raam achter haar staan. Met een ruk draaide ze zich om en zag nog net een witte jas een kamer in schieten. Gewoon een dokter dus, ze werd echt paranoïde.

'Wat is er?' vroeg Louis.

Net toen ze twijfelde of ze hem misschien toch over de bedreigingen moest vertellen, werd het licht in Beau's kamer gedempt. Zachtjes gleed de deur open en twee verpleegkundigen kwamen naar buiten. Sylvie keek de oudste van de twee aan. 'Komt het goed met haar?'

'We doen ons best.' De vrouw glimlachte en gaf Sylvie een bemoedigend knikje. 'Maar ze lijkt me een sterke.'

'Oersterk,' beaamde Louis.

De twee verpleegkundigen wensten hun ondanks alles een goede nachtrust toe en liepen samen door naar de volgende kamer.

'Zullen we dan ook maar gaan?'

Sylvie knikte. 'Mag ik bij jullie logeren?'

'Dat lijkt me heel verstandig.'

En nadat ze een handkus richting de inmiddels donkere kamer van Beau had geblazen, liep ze gearmd met Louis de stille gang verder in. Op de klok boven de lift zag ze dat het al ver na middernacht was. Hopelijk was haar dag in deze hel dan nu eindelijk voorbij.

Marseille, 1968

Malou zat aan de kop van de tafel en hoorde de stemmen en het gelach. Ze rook de geuren van de onbekende kruiden en de dampende olie die van het fornuis af kwamen. En ze voelde het gezwiep van de ventilator boven haar die volkomen kansloos de kleine keuken probeerde af te koelen.

Met al haar zintuigen was ze aanwezig bij de familie Said, maar toch had ze net zo goed in een ander appartement kunnen zitten. Want op geen enkele manier was ze echt betrokken bij de gesprekken. De vier vrouwen van het gezin zaten om haar heen aan een kant van de tafel, maar spraken nauwelijks Frans. Ze waren aardig, boden haar constant wijn aan terwijl ze zelf niet dronken en reikten haar verschillende schaaltjes met onbekende hapjes aan terwijl ze zelf al lang klaar waren met eten. Maar het enige waar Malou aan kon denken was Mo, die zonder uitleg – en zonder haar – vertrokken was naar Amerika.

Nooit eerder had hij gezegd dat hij wilde emigreren, dat New York een droom van hem was of dat hij daar de universiteit wilde afmaken. Geen woord, ooit. Laat staan dat hij dat in zijn eentje wilde doen, hij had juist laten doorschemeren met haar verder te willen. Of had ze zich dat verbeeld?

'*Plus du vin*?' vroeg Mariam, de jongste vrouw naast haar. Haar dikke, zwarte haar hing over haar schouder. Mariam glimlachte de hele avond veel, al hield ze daarbij haar mond angstvallig dicht, waarschijnlijk omdat haar ondertanden scheef stonden. Malou was gefascineerd door de henna op haar handen, maar toen ze ernaar vroeg had Mariam vragend haar schouders opgehaald.

Daarom glimlachte ze nu maar vriendelijk terug en schudde haar hoofd. De beweging leek in slow motion te gaan. 'Ik denk dat ik meer dan genoeg heb gehad.'

Aan de andere kant van de tafel werd gelachen en ze zag dat Badr zijn neef Alain op de schouder sloeg. 'Mijn held,' hoorde ze hem roepen. 'De koning van de familie.'

Ze probeerde oogcontact met Alain te maken, maar die werd volkomen opgeslokt door de aandacht van zijn drie neven en leek haar vergeten.

Na het slechte nieuws op het perron was hij meelevend geweest en had hij geprobeerd uit te leggen waarom Mo vertrokken kon zijn. Hoewel hij vreemd genoeg niet echt verbaasd leek dat zijn broer zonder bericht het vliegtuig was ingestapt, kon hij haar ook geen sluitende antwoorden geven. Hij hield het bij 'een unieke kans die Mo had gekregen'. Volgens Alain had zijn broer namelijk al eerder een beurs in Amerika aangevraagd en waarschijnlijk had hij net gehoord dat hij die had gekregen. Mogelijk was hij daarom zo halsoverkop vertrokken.

Toen ze vroeg om welke universiteit het dan zou gaan, had Alain gereageerd dat het óf Princeton óf Harvard was.

Maar hij bleef vaag, en hij had haar verzekerd dat als Mo eenmaal gearriveerd was, hij vast contact zou opnemen met haar en alles verder zou uitleggen. Op dat moment wist ze meteen dat Mo dat nooit meer zou doen. Hij had best eerder contact met haar kunnen opnemen, of desnoods een briefje achter kunnen laten. Maar hij had dus met opzet niets van zich laten horen en wilde duidelijk helemaal in het niets verdwijnen.

Bij gebrek aan een alternatief was Malou toch maar met Badr en Alain meegegaan om een hapje te eten. Ze had op haar lip moeten bijten om niet te gaan huilen, en terwijl ze door de stoffige steegjes van de oude haven sjokte had ze zich voorgenomen nooit meer achter Mo aan te gaan.

Maar nu, aan deze kleine tafel vol vreemden, wist ze nog steeds niet wat ze dan wel moest doen. Ze nam toch nog een slok wijn en voelde haar lippen nauwelijks meer. Bij te veel alcohol voelde haar mond wel vaker wat verdoofd, maar nu leek die wel helemaal verlamd. Ze moest nu echt uitkijken. Die Pernod, de glazen wijn, het was ook echt te veel. Langzaam slikte ze de wijn door en schoof het glas van zich af. Maar meteen hield Alains tante de wijnfles vragend voor haar neus.

'Nee dank u wel,' zei ze langzaam en ze hoorde haar stem slepen. 'Het was heerlijk, maar ik heb genoeg gehad.'

De vrouw lachte haar breed toe en schonk haar glas weer tot de rand vol. Nu glimlachte Malou alleen nog maar en depte met haar servet haar hals droog. Ze had het zo warm en haar hoofd voelde zo zwaar aan. Ze zou het liefst meteen gaan slapen, maar ze had geen idee waar ze dat zouden gaan doen. Badr had wel iets gemompeld over een logeerkamer, maar het was haar niet duidelijk geworden waar die was en of ze die met Alain moest delen.

Plotseling draaide haar maag zich om en vlug pakte ze de rand van de tafel. Nee, ze kon hier niet over haar nek gaan. Ze probeerde zich te concentreren op het blauwe glas van de waterkan die midden op tafel stond. De geluiden om de tafel heen werden luider en ze wist niet of het door haar kwam. Hadden ze gezien dat ze misselijk was? Ze sloot haar ogen en blies door haar neus uit. Een, twee, drie... slik het weg.

Ineens voelde ze een hand op haar schouder. 'Ga je mee?'

Ze keek op en zag dat Alain naast haar was komen staan. Zijn ogen glinsterden achter zijn bril.

'Volgens mij ben je doodmoe.'

Ze knikte alleen maar en liet zich door hem overeind helpen. Gelukkig leken de anderen aan tafel totaal niet op te merken dat ze onhandig de keuken uit stommelde. Het rappe Arabisch ging achter haar ongestoord verder.

'Waar gaan we heen?' fluisterde ze toen ze de smalle gang op liepen.

Alain pakte haar pols en zijn warme lange vingers gleden over haar huid. 'Volg mij maar.'

De gang was nauwelijks verlicht en leek nog warmer dan de keuken. Een zweetdruppel gleed over haar rug en ze rilde.

'Gaat het wel?' klonk zijn stem nu ergens uit het duister voor haar. 'Voorzichtig hè, we stappen nu op een tree.'

En terwijl ze over een steile trap drie verdiepingen naar boven liepen, voelde Malou zich langzaam lichter worden. Haar buik leek in balans te komen en ze was zich ineens heel bewust van de bijzondere omgeving. Een oud huisje in de haven, met exotische geuren, een zwoele avond en Arabische muziek op de achtergrond. Ze was verder van Lochem gekomen dan ze ooit had kunnen bedenken.

'Hier is het,' zei Alain toen ze bovenkwamen en hij wees naar een kleine zolderkamer. Door een smal dakraam dat wijd openstond viel het grijze maanlicht in een bundel naar binnen. Wat er precies in de kamer stond was moeilijk te zien, maar in de hoek zag ze een klein bed, met een fluwelen oranje sprei eroverheen gedrapeerd.

'Slapen we hier?' vroeg ze.

'Jij ja.' Alain liet haar pols los. 'Jij slaapt hier. Ik ga beneden op de bank liggen.'

'Weet je het zeker?' vroeg ze tot haar eigen verrassing hardop. Misschien was het de alcohol, of de vreemde omgeving, maar ineens had ze zo'n zin om naast Alain te liggen.

Hij trok een wenkbrauw op. 'Heel zeker ja.'

'De bank is niet echt comfortabel.'

Hij grinnikte. 'Nee, maar wel verstandig.'

Ze keek hem recht aan. 'En saai.'

Het maanlicht viel op zijn bril en ze kon zijn ogen niet zien, maar zijn geur was overal om haar heen. Een combinatie van ceder, Gauloises en wijn. Zonder dat ze er verder bij nadacht drukte ze haar lippen op die van hem. Een tinteling, de zachte verdoving, zijn tong. Alles viel samen en ze pakte hem bij zijn hals, sloot haar ogen…

'Nee!' Alain pakte haar bij de schouders en duwde haar voorzichtig van zich af. 'Nee Malou, niet zo.'

Het was alsof hij haar een klap in haar gezicht had gegeven en ze draaide zich meteen van hem af. Wat had ze gedaan? Ze voelde zich weer misselijk worden. Wat een afgang. Natuurlijk wilde hij haar niet.

'Ik ga slapen,' mompelde ze en liep meteen de kamer in. 'Tot morgen.'

'Malou…'

Alain probeerde haar hand te pakken, maar ze gooide de deur in zijn gezicht dicht. Snel schopte ze haar schoenen uit en liet zich voorover op bed vallen. Wat had ze zichzelf belachelijk gemaakt vanavond. Ze leek wel een bakvis. Krachtig kneep ze haar ogen dicht, probeerde de misselijkheid weg te zuchten en hoopte vurig dat de alcohol haar snel in een diepe slaap zou brengen.

Een bries aaide haar lichaam, ze hoorde het zachte gezwiep van de ventilator boven haar. Haar mond voelde droog, maar haar huid leek te tintelen. Langzame strelingen over haar rug, een kus op haar schouder. Droomde ze? Malou probeerde zich om te draaien, maar haar lichaam leek te zwaar om te kunnen bewegen. Heel kort wreven haar blote benen langs elkaar heen. Had ze zich dan toch uitgekleed?

Nu voelde ze haar onderbroek naar beneden glijden. Zachte vingers over haar billen. Die geur...

'Alain?'

Ze hoorde haar naam fluisteren. 'Is het oké?'

Natuurlijk, wilde ze schreeuwen, maar ze kreunde slechts goedkeurend en draaide zich nu wel om. Malou zag in de duisternis alleen het silhouet van zijn donkere lichaam en volgde elke beweging van zijn vingers. Langs haar zij, de binnenkant van haar benen en een kus op haar buik. Ze kronkelde met haar heupen. Eén keer eerder had ze een mannelijk lichaam naast zich gevoeld. Op de achterbank van de Eend van Eelco's ouders. Maar dit was anders. Elke beweging van Alain leek haar huid verder in brand te zetten. In een roes van slaap, alcohol en opwinding trok ze hem naar zich toe. Ze voelde zijn beenspieren aanspannen en kuste hem op zijn mond.

'Kom,' fluisterde ze. 'Kom maar.'

Maar hij schudde zijn hoofd, rolde weer van haar af en duwde haar op haar zij. Heel zacht ging hij vanachter tegen haar aan liggen. Zijn buik tegen haar billen. Lepeltje-lepeltje. Het allerliefst had ze hem in haar gevoeld, maar zijn warme huid tegen haar huid lag ook heerlijk. Ze ademden in hetzelfde trage ritme en bijna leken hun lichamen een te worden. En terwijl Alain zachte kusjes in haar nek gaf, viel ze langzaam weer in een diepe slaap.

Saint-Tropez, 2022

Werd ze nou gebeld? Sylvie sloeg in het donker om zich heen. Waar was haar telefoon? Ze voelde naast zich op het bed. Was hij onder een kussen geschoven? Nog voordat ze hem had gevonden hield het gezoem alweer op. Verdorie, ze was net in slaap. Op de tast vond ze de knop van het bedlampje en een sfeervol licht verspreidde zich door de logeerkamer. Door de beige tinten en een grote palm in de hoek wist ze direct weer waar ze was: het huis van Gabriel en Louis.

In haar ooghoek zag ze haar telefoon op het nachtkastje liggen. Jeetje, bijna half vier, wie wilde haar in godsnaam op dit tijdstip bereiken? En toen herinnerde ze het zich weer. Beau's ongeluk. Ze schoot omhoog. Misschien had het ziekenhuis wel gebeld.

Nog voordat ze haar gemiste oproepen had kunnen checken, werd ze opnieuw gebeld.

'Lou?'

Ze hoorde alleen gehijg.

'Ben jij het? Wat is er aan de hand?'

'Mam, djezus, ik heb het al tig keer geprobeerd,' fluisterde haar dochter.

'Ik lag te slapen en...'

'Er is iemand in huis.' Lilou's stem klonk heel zacht. 'Ik hoor voetstappen beneden.'

'Wat? Waar is papa?'

'Die is niet thuisgekomen.'

'En Adam?'

'Die heb ik weer naar Suus gestuurd.' Lilou's stem trilde. 'Ik wilde alleen zijn.'

'Bel nu de politie.'

'Misschien is het toch wel pap en…'

'Maakt niet uit. Bel 112!'

'Maar…'

'Lou, ik meen het.' Sylvie sprong uit bed. 'Nu bellen! Ik kom eraan. Vijf minuten.'

Ze schoot in haar broek, trok een T-shirt aan en zittend op de rand van het bed wurmde ze zich in haar sneakers. Linkervoet, rechtervoet, fuck, waar was haar tas? Autosleutels?

'Syl?' Gabriels verwarde hoofd verscheen om de deur. 'Gaat het?'

'Het is Lou, er is iemand bij ons thuis.' Ze sprong op. 'Een insluiper…'

'Wat?'

'Ik had hier ook niet moeten logeren. Echt zo stom, het is thuis onveilig. Ik had al zo'n vermoeden.' Ze trok de slaapkamerdeur verder open. 'Waarom ben je eigenlijk wakker?'

'Je gilde.' Gabriel deed een stap naar achter. 'Misschien moet je eerst rustig nadenken, Syl. Is het niet gewoon Hugo?'

Ze snoof. 'Die lul… die zit vast bij zijn vriendin.'

'Weet jij van zijn vriendin?'

Sylvie stond midden in de gang stil. Ze had maar wat geroepen over Hugo en wist helemaal niet zeker of hij een affaire had, maar dat had Gabriel bij dezen bevestigd.

'Natuurlijk,' loog ze. 'En blijkbaar de rest van Saint-Tropez ook.'

'Ik wilde er niet over beginnen.' Gabriel trok ongemakkelijk zijn T-shirt over zijn buik. 'Ik dacht dat je het niet wilde weten.'

Klopt, dacht ze, maar ze zei: 'Daar gaat het nu niet om, ik dacht al eerder dat iemand ons huis was binnengedrongen en nu dit weer…'

Gabriel trok zijn pyjamabroek omhoog. 'Ik ga mee.'

'Geen denken aan. Jij gaat gewoon weer slapen. En voor Maxie zorgen. Waar is dat beest eigenlijk? Ligt hij tussen jullie in?'

Gabriel knikte. 'Hij was zo alleen.'

'Prima. Ik ga, de politie zal er nu wel zijn,' zei ze terwijl ze de keuken in liep en rondkeek. 'Weet jij waar mijn sleutels zijn?'

Gabriel draaide zich om en pakte haar tas van een plankje. 'Hier, Louis had ze gisteravond al keurig klaargelegd.'

Sylvie griste de tas uit zijn handen en gooide haar telefoon erin. 'Sorry voor het gestress, maar…'

'Nee, ga.' Gabriel duwde haar door de gang. 'Laat je het weten?'

Ze trok de voordeur open. 'Natuurlijk, duim please dat het meevalt.'

Terwijl ze haar bestelauto als een bezetene door de donkere, lege straatjes van de stad stuurde, kon ze maar aan één ding denken. Iemand wilde haar gezin kapotmaken. Eerst de bedreigingen, toen de openbaringen van Hugo's acties en daarna Beau. Als het geen zelfmoord was, maar wel een sprong, dan was ze misschien geduwd. En dan nu Lou. Ze wist het nu honderd procent zeker, iemand had het op hen gemunt.

Ze trapte het gas nog verder in. Bij de hoek van Avenue Augustin moest ze het stuur met beide handen stevig vasthouden om niet uit de bocht te vliegen en met piepende banden stopte ze recht voor hun huis. Verdomme, geen politieauto, maar wel een felverlicht huis. Nergens waren de luiken dicht en overal waren de lampen aan. Ze rende naar de voordeur die op een kier stond.

'Lou? Lilou!' riep ze terwijl ze naar binnen stormde. 'Lou, ben je oké?'

'Mam?'

Haar dochters stem kwam uit de keuken. Zonder na te denken of het wel veilig was rende Sylvie naar achter en gooide de keukendeur open. 'Lou?'

'Mam!' Lilou zat naast de dj van gisteren aan de keukentafel. 'Daar ben je, eindelijk!'

'Eindelijk?' Sylvie leunde hijgend tegen de muur. 'Ik heb me gek gehaast. Wat is hier gebeurd? En wat doet die gast hier? Waar is de politie?'

Lilou stond op en kwam rustig op haar af gelopen. Ze had een lang zwart T-shirt aan en liep op blote voeten. 'Mam, alles is goed. Het was Patrick maar.' Ze sloeg een arm om haar heen. 'Kom zitten. Sorry dat ik je zo aan het schrikken heb gemaakt.'

'Alstublieft.' Patrick zette een kop thee voor haar neer en ging tegenover haar zitten. 'Gaat het weer een beetje?'

Sylvie knikte. 'Dank je wel. Maar kun je alsjeblieft nog een keer uitleggen waarom je midden in de nacht hier stilletjes naar binnen bent geslopen?'

'Bezorgdheid.' Patrick glimlachte. 'Zoals ik net al zei... Lilou reageerde niet meer op mijn appjes en ze was zo verdrietig.'

'Dat was lief van je.' Sylvie liet haar hoofd tegen Lilou's schouder rusten. 'Sorry lieverd, ik had je niet alleen moeten laten.'

De laatste tien minuten had Sylvie zich al vijf keer verontschuldigd, maar haar dochter had telkens benadrukt dat het echt niet nodig was. En Lilou had elke keer bevestigd dat ze echt had gezegd alleen te willen zijn, omdat ze al dat geruzie zat was. Dat ze zo opgefokt op geluiden in huis had gereageerd, kwam volgens Lilou alleen maar omdat het midden in de nacht was geweest, Maxie er niet was en ze er wakker van was geworden.

'Nee, het spijt mij juist mam, je was zo moe, ik had je niet wakker moeten bellen. Ik had gewoon eerst rustig moeten kijken wie er binnen was gekomen.'

Zo leunend tegen haar dochter, met deze lieve vreemde jongen tegenover haar, zittend in haar eigen half donkere keuken, voelde Sylvie voor het eerst sinds tijden een diepere ontspanning over zich heen komen. Al haar spieren leken kilo's zwaarder te worden en met moeite kon ze haar hoofd rechtop houden.

'Ik denk dat we moeten proberen nog maar wat te slapen.' Ze ging rechterop zitten. 'Misschien lukt het nog een paar uurtjes. Morgen...' Ze keek op de klok. Half vijf alweer. 'Nou ja, vandaag eigenlijk al, belooft weer een hectische dag te worden.'

Lilou stond op en hielp Sylvie omhoog. 'Ja mam, ga nog even wat slapen. Straks gaan we weer samen naar Beau. Ik rij.'

'Dank je, schat.' Sylvie gaf haar dochter een kus. 'Je was fantastisch vandaag. Echt een grote steun.'

Lilou grinnikte. 'Pas maar op, niet te aardig doen hoor. Ik was juist die vervelende dochter.'

'Helemaal niet, jullie zijn voor mij allebei even...' begon Sylvie zich te verdedigen, maar toen ze de brede glimlach op haar dochters gezicht zag wist ze dat het goed zat. 'Slaap lekker lieverds, tot morgen.'

Sylvie draaide zich om. Door een kier in de luiken zag ze de eerste zonnestralen binnenstromen en ze schoof haar slaapmasker weer voor haar ogen. Ze moest proberen verder te slapen, het kon niet later dan een uur of zes zijn. Maar ze voelde zich alsof het midden op de dag was en haar gedachten stonden onder hoogspanning.

Opnieuw draaide ze zich om. Het was ook veel te warm, er liep zelfs een straaltje zweet vanuit haar hals tussen haar borsten door. Ze wapperde met het laken om haar lichaam wat af te koelen maar het hielp niet. Zie je wel, ze had ook niet naar Hugo moeten luisteren en gewoon een airco moeten laten aanleggen.

Even stak ze haar hand uit naar het kussen naast haar, maar dat was natuurlijk nog steeds leeg. Het was voor het eerst sinds tijden dat ze alleen had geslapen. Hugo kwam wel vaker laat thuis, maar glipte dan altijd stilletjes naast haar in bed, legde zijn arm om haar heen terwijl zij zich automatisch tegen hem aan nestelde. Al die jaren samen had ze zich veilig gevoeld naast hem.

'De lul,' fluisterde ze en ze trok haar hand terug.

Haar man lag nu natuurlijk knus naast zijn vriendin, en dat had hij misschien al jarenlang gedaan. Lekker stiekem verliefd zijn tussen de bedrijven door. Even in de lunchpauze een vlugge wip of een snelle lunch in een romantisch restaurantje. Wellicht dronken ze daarna nog samen een glas wijn bij Le Senquier, waar oud-president Chirac vroeger ook zijn maîtresses mee naartoe nam.

Ineens zag Sylvie ze in gedachten samen op het terras zitten, hand in hand kijkend naar de grote jachten in de haven. Natuurlijk wist ze niet wie de vrouw was, maar ze zag een jonge, kittige Française naast Hugo zitten die haar smalle kuiten verleidelijk langs die van Hugo wreef. Nog nagenietend van een diep orgasme, gniffelend om de onwetendheid van de zielige echtgenote. De bitch.

Sylvie rukte haar oogmasker af, pakte met beide handen Hugo's kussen en gooide het tegen de muur. Met een klap viel de net ingelijste foto van Les Jumelles kapot op de grond. 'Waarom?'

Een stomme vraag, want ze kon heus wel bedenken waarom hij troost bij een ander had gezocht. Zijn carrière zat al een tijd in het slop en zijn gekwetste ego had ongetwijfeld bevestiging nodig van andere vrouwen. Bovendien leefden ze al jaren langs elkaar heen en alleen op sporadische momenten voelde Sylvie nog verbinding met hem. Meestal als het om de kinderen ging, zoals gisteren naast het bed van Beau.

O nee, Beau. Heel even leek het gruwelijke ongeluk van gisteren niet te zijn gebeurd. Sylvie keek nog eens op de wekker. Toch alweer half zeven, misschien had het ziekenhuis al gebeld. Waar was haar telefoon nu weer?

Behalve stapels kleren op de stoel voor haar bureautje en drie boeken op haar nachtkastje lag er niets los in de kamer. Verdorie, ze had hem natuurlijk beneden op de keukentafel laten liggen, nadat ze midden in de nacht Gabriel nog had geappt dat alles in orde was.

Ze schoof vlug in haar slippers, sloeg een kamerjas om en liep op haar tenen naar beneden. Lilou mocht absoluut niet wakker worden, die had echt even rust nodig na alles wat gisteren op haar af was gekomen.

De keuken baadde al in het ochtendlicht en ze deed meteen de tuindeuren open. Maar haar telefoon bleek niet meer op de tafel te liggen en ook de stoelen leken allemaal verschoven. Was er dan toch wel iemand anders binnen geweest gisteravond? Plotseling zag ze haar tas keurig aan de kapstok hangen... Lilou had die natuurlijk gewoon netjes voor haar opgeruimd.

'Hou toch eens op,' zei ze hardop tegen zichzelf en wreef met beide handen over haar gezicht. 'Doe niet zo opgejaagd.'

Ze pakte haar tas en zag direct op haar telefoon dat er vannacht geen alerts binnen waren gekomen. Geen gemiste oproepen van het ziekenhuis, geen enkel appje van Hugo en zelfs Gabriel en Gretl hadden haar met rust gelaten. Het was duidelijk dat niemand contact met haar op durfde te nemen. Ze had gisteren ook af en toe zo heftig uitgehaald naar de mensen om haar heen.

Het werd tijd dat ze ophield zo gestrest op alles te reageren. Van haar grootouders had ze meegekregen dat je alleen op je eigen kalmte kon rekenen, juist op het moment dat alles fout leek te gaan. Die gedachte moest ze snel weer in de praktijk brengen, zoals ze vaker op dieptepunten in haar leven had gedaan.

Sylvie zuchtte opnieuw en leunde tegen het kookeiland. Ineens miste ze de serene sfeer van de boerderij. Al waren haar grootouders alweer bijna vijftien jaar geleden kort na elkaar overleden, ze kon zich de geur in de keuken in Lochem nog zo goed herinneren. Samen met haar grootmoeder aan tafel boontjes doppen, aardappels schillen of een kip plukken. Daar had ze geleerd dat je werkend in de keuken je emoties kon negeren die eigenlijk te groot waren om te verwerken.

En ineens wist ze wat ze moest doen. Niet eerst opruimen, niet zoals elke ochtend gaan zwemmen, maar gewoon in haar eentje wat rommelen in de keuken. Ze kon verse granola gaan roosteren en alvast voor het restaurant een grote fles vinaigrette maken. Of beginnen met het trekken van lamsbouillon. Maar eerst moest ze Gretl een bericht sturen dat ze de komende dagen dicht bleven.

Neem wat rust. Ik sluit Les Jumelles voor een paar dagen. TIJDELIJK, tikte ze als laatste in hoofdletters. Om Gretl gerust te stellen, maar vooral ook om zichzelf te overtuigen. Deze ellende moest niet haar droom vernietigen.

Daarna maakte ze het aanrecht leeg, zette Radio France1 op en begon een grote hoop walnoten en amandelen met een zware stamper te verkruimelen. Door het ritme van de stamper, het krakende geluid van de noten en de zwoele stem van Juliette Greco op de achtergrond, vertraagden langzaam haar gedachten en lukte het eindelijk weer om logischer te denken.

Straks om zeven uur moest ze eerst het ziekenhuis bellen om te vragen hoe de nacht was gegaan. Dat was het allerbelangrijkste. Daarna kon ze misschien haar advocaat Buffont al bereiken om te horen of er nog nieuws was over de aantijgingen. Buffont moest voorkomen dat Les Jumelles definitief werd gesloten. Dan kon ze ook meteen met hem haar vermoedens bespreken dat iemand het op haar gezin had gemunt. Misschien was het toch wel Jerome, ze kon echt niemand anders bedenken. En hopelijk kreeg ze daarna eindelijk de kans om Hugo te confronteren en om hem te overtuigen onmiddellijk met alles te stoppen.

Ze verspreidde de geplette zaden, noten en pitten over een bakplaat en strooide er wat gedroogde bessen en rozijnen overheen. Misschien kon ze toch ook die Xavi bellen. Het was een vreemde vent, maar hij leek goed geïnformeerd. Vooral over haar ouders, al durfde ze daar eigenlijk niet naar te vragen. Maar hij had kennelijk ook nieuws over Netflix. Hoewel de documentaire in de context van alle ellende nu eigenlijk totaal irrelevant moest zijn, was ze toch nieuwsgierig. Want als ze heel eerlijk was tegen zichzelf hoopte ze dat die wel doorging. Vooral om te laten zien dat ze ondanks alles rechtop bleef staan. Dat ze niet die zielige, verraden en beschuldigde vrouw was van wie de dochter ook nog in de kreukels lag. Iedereen kreeg in het leven shit te verwerken, daar kon je weinig aan veranderen. Maar wat telde was je reactie. Je werd geleefd door de omstandigheden, of je leefde je best mogelijke leven – en die laatste houding wilde ze nog beter leren beheersen.

Hé, wat was dat? Sylvie tuurde ingespannen door het raam. Daar in de tuin… een schaduw. Verdomme, er liep iemand rond. Zonder enige twijfel. Haar hart sloeg over. 'What the fuck!'

Meteen rende ze naar buiten. 'Hé jij daar!'

Een kleine man dook in elkaar en schoof achter de magnolia langs.

'Wat doe je daar?'

Sylvie liep direct op hem af. Maar zonder om te kijken kroop de man op handen en voeten dieper de tuin in.

'Blijf hier!'

De man struikelde haastig verder, richting het hek achteraan bij de hoge heg.

'Nee, hier komen jij!'

Ineens klonk vaag haar telefoon in de keuken. Een tel bleef Sylvie staan en overwoog achter de man aan te gaan, maar toen rende ze toch naar binnen. Misschien was het wel het ziekenhuis. Ze greep naar haar telefoon, nam op en wilde ermee naar buiten lopen.

'Mevrouw Meekes?' zei een zware stem.

'Wie is dit?' hijgde ze. 'Bent u van het ziekenhuis?'

'Nee, mevrouw, hier agent Polet. Excuses dat ik u zo vroeg bel, maar ik wilde u even spreken over…'

'U belt precies op het juiste moment,' onderbrak ze hem. 'Kunt u meteen iemand deze kant op sturen?'

'Nou ik weet niet of dat...'

'Jawel, snel. U belt toch van bureau Garonne? Dat is om de hoek...'

'Mevrouw, mevrouw, even kalm. Ik bel vanuit Marseille, misschien kan ik zo een lokale collega bij u langs sturen maar ik wilde eerst...'

'Komt u uit Marseille?' onderbrak ze hem opnieuw. 'Maar er loopt nú een...'

'Mevrouw Meekes.' Zijn stem klonk ineens streng. 'Even stil graag. Ik wilde u zeggen dat het erop lijkt dat uw dochter Beau gisteren inderdaad niet zelf voor de metro is gesprongen, maar mogelijk heeft iemand haar geduwd.'

'Wat?' Sylvie greep naar de deurpost. 'Geduwd?'

'We hebben de camerabeelden uitgebreid bekeken en het zou kunnen dat Beau met kracht van het perron is af geduwd.'

Dat dacht ik al, wilde ze hem toeroepen, maar ze ademde diep in en zei rustig: 'Dat is verschrikkelijk. Heeft u al zicht op de dader?'

'Het perron was vol, zeker weten doen we het niet.' Polet schraapte zijn keel. 'Maar één man was duidelijk in beeld. We zijn vanochtend vroeg al begonnen hem wat vragen te stellen. Adam Lafeber.'

'Adam? Dat is Beau's beste vriend.'

'Dat zei hij ook al.'

‘Hij zou haar nooit iets aandoen.’

De agent kuchte. ‘Nou mevrouw Meekes, we hebben inmiddels wel geleerd dat we dat nóóit met zekerheid kunnen zeggen.’

‘Nee, echt.’ Ze zakte verslagen op een stoel. ‘Die jongen doet nog geen vlieg kwaad.’

Polet zuchtte nadrukkelijk. ‘Hoe weet u dat nou zo zeker? Misschien was hij wel boos op haar? Of was er sprake van een onbeantwoorde liefde.’

Hoewel de agent het natuurlijk niet kon zien, schudde Sylvie driftig met haar hoofd. ‘Nee, dat is allemaal onzin. Het gaat hierbij niet om mijn dochter.’

‘Wat bedoelt u?’

‘Ze willen alleen mij raken,’ sprak Sylvie voor het eerst haar sluimerende vermoedens hardop uit. ‘Ik word al dagen gevolgd, zowel in het ziekenhuis als nu net in de tuin. Er dwaalde hier een man rond. Daarbij word ik ineens van fraude beschuldigd en de geheimen van mijn echtgenoot liggen plotseling op straat.’

‘Mevrouw, ik begrijp het,’ klonk de zware stem beslist. ‘Het is een grote schrik voor u, en als u wilt kan ik slachtofferhulp inschakelen. Een poging tot moord op uw dochter is natuurlijk extreem zwaar, maar u moet opletten dat u nu niet ineens alles in een kwaad daglicht ziet. We merken wel vaker dat de familie van een slachtoffer plots erg paranoïde wordt. Maar de ervaring leert dat femicide bijna altijd tot de vrouw zelf beperkt blijft. Zelden gaat het verder dan de relationele sfeer…’

'Belt u alstublieft met bureau Garonne, hier in het dorp.' Sylvie ging staan. Deze agent met zijn neerbuigende toontje moest ze nu de mond snoeren. 'Zij kunnen dit allemaal bevestigen. Ik moet gaan.'

'Mevrouw...' hoorde ze Polet nog roepen, maar ze hing al op. Aan die vent had ze niets. Ze moest zelf aan de slag, en snel ook.

Sylvie tuurde in de tuin, zag niemand meer en zocht naar het kaartje in haar tas. Ze belde het nummer van Xavi.

'Wie is dit in godsnaam?' vroeg een slaperige stem.

'Ik weet het.' Sylvies stem sloeg over, misschien door de haast. 'Het is extreem vroeg. Sorry, maar dit is Sylvie Meekes. We spraken elkaar gisteren...'

'Ik weet nog wel wie je bent.'

'Mooi, want je gaat me helpen.'

Ze hoorde hem gapen. 'Eh, waarmee precies?'

Struikelend over haar eigen woorden vertelde ze over Beau en de conclusie van de politie dat haar dochter mogelijk was geduwd.

'Dat is heftig zeg.' Zijn stem klonk onmiddellijk helderder. 'Wat kan ik voor je doen?'

Sylvie legde uit dat ze straks meer zou vertellen en vroeg of ze elkaar bij Café Sporting, op Place des Lices konden treffen.

'Dat toeristending?' vroeg Xavi. 'Weet je het zeker?'

'Absoluut. Over een half uur, lukt dat?

'Dat red ik wel ja,' bevestigde Xavi en meteen hing ze op. Daarna belde ze het ziekenhuis en kreeg een jonge verpleegkundige aan de lijn. Die vertelde uitgebreid dat Beau de nacht goed was doorgekomen en nu rustiger leek te slapen. Gedurende de ochtend zouden ze opnieuw scans maken om te kijken hoe de zwellingen zich ontwikkelden.

'Het ziet er nu echt goed uit, het zou me niets verbazen als ze snel wakker wordt, maar over een paar uur weten we meer.'

'Echt waar?'

'Absoluut. Kunt u straks hierheen komen?' vroeg hij uiteindelijk. 'Dan kunt u meteen de dokter te spreken krijgen.'

'Natuurlijk, we zullen er zijn,' besloot ze kortaf en wilde al ophangen, toen de verpleegkundige vroeg of ze wist dat er twee agenten voor Beau's kamer stonden te posten.

'Nee, dat had ik nog niet gehoord.' Ze slaakte een zucht van verlichting en was tegelijkertijd boos op zichzelf dat ze daar niet ook aan had gedacht. 'Maar daar ben ik wel heel blij om.'

Het bleef stil aan de andere kant van de lijn, misschien verwachtte de verpleegkundige meer uitleg, maar het leek Sylvie verstandiger het daarbij te laten. 'We zien elkaar straks en alvast erg bedankt.'

Nadat ze Hugo nog maar eens een bericht had gestuurd dat ze snel moesten praten, keek ze een laatste keer de tuin in. Die vent was natuurlijk inmiddels verdwenen en ze sloot meteen de tuindeuren. Voor de zekerheid draaide ze het slot een keer extra om. Nu moest ze zich klaarmaken om de confrontatie aan te gaan. Deze aanval op haar familie moest zo snel mogelijk gestopt worden, en zij was de enige die dat kon doen.

Sylvie liep schuin over de brede Place des Lices, waar op dinsdag en zaterdag altijd de drukke markt was, maar vandaag alleen een groep mannen pétanque stond te spelen. Ze knikte naar de oudste die ze weleens bij Les Jumelles had gezien en die haar met een tikje tegen zijn pet teruggroette.

Op de hoek bij Café Sporting was het zo vroeg al vrij druk. Er zaten een paar toeristen, waarschijnlijk Amerikanen met een jetlag, maar in de linkerhoek zag ze vooral de locals aan hun *cafés noir* zitten. Degene voor wie ze kwam zag ze nog niet.

'Maar die engerd komt wel,' mompelde ze tegen zichzelf. Net toen ze de bar in wilde lopen om ook een koffie te bestellen, werd ze op haar schouder getikt. Ze draaide zich om en keek recht in het gezicht van Xavi, die met zijn lange, brede lichaam vlak achter haar stond.

'Precies op tijd, toch?' zei hij met enige trots in zijn stem.

Ze deed een stap naar achter. 'Nou, dan heb je al meteen de eerste prestatie van de dag geleverd.'

'Verdien ik nu een prijs?' Xavi glimlachte spottend en hield zijn donkere ogen op haar gericht. 'En wat is dan de tweede opdracht?'

Sylvie schudde haar hoofd. 'Dit is niet het moment voor een flauwe grap.'

'Je hebt gelijk.' Hij stak ontspannen zijn handen in zijn zakken. 'Wat kan ik voor je betekenen?'

'Je bent mijn getuige.'

'Van wat?'

'Dat zul je zo wel zien, maar je mag niets zeggen.'

'Dit maakt me wel heel nieuwsgierig.' Hij schopte achteloos tegen een steentje. 'Dus je gaat me helemaal niets vertellen?'

Ze schudde haar hoofd. 'Daar hebben we nu geen tijd voor.'

'Alleen getuige zijn,' herhaalde hij. 'Dat betekent... kijken en luisteren. Dat gaat wel lukken. Maar dan moet je mij ook iets beloven.'

'Wat?' Ze wiebelde ongeduldig met haar been. Waar bleef hij nou?

'Dat je straks met mij meegaat...'

'Wacht,' fluisterde ze en gebaarde met haar hoofd richting de hoek. 'Daar zit hij toch. Loop je mee?'

Hoewel het een half uur geleden nog een heel goed plan leek, voelde Sylvie nu een knoop in haar buik. Dat zweterige gezicht met die weeïge lippen. Wat nou als hij inderdaad haar familie bedreigde? Was ze hier dan nu wel veilig?

Ze draaide zich naar Xavi. 'Wil je alsjeblieft heel dicht bij mij blijven? En zet je recorder aan.'

'Mijn wat?'

'Jezus... je hebt toch wel zo'n opnameding?'

Xavi trok zijn wenkbrauwen vragend op. 'Niet echt nee, ik zet mijn iPhone wel aan.'

De man zat er precies zoals Sylvie zich het vannacht had voorgesteld. In zijn eentje tegen het windscherm, met een koffie en een glaasje Pernod voor zich, gebogen over de sportkrant *l'Equipe*. Keurig in een rode polo met opstaand kraagje, en zijn paar dunne haren minutieus over de kale plek midden op zijn hoofd gekamd.

Sylvie liep behoedzaam op hem af, alsof hij meteen tot de aanval over zou kunnen gaan zodra hij haar zou zien. Maar hij had niets in de gaten en las geconcentreerd verder. Zelfs toen ze recht voor hem stond, keek hij niet op.

'Jerome.' Ze articuleerde expres heel duidelijk, zodat Xavi het ook kon horen. 'Jerome Flamant.'

Nu pas keek hij op, maar hij leek totaal niet verbaasd haar te zien. 'Als dat de beruchte Sylvie niet is.' Hij leunde wat naar achter op zijn stoel. 'De gevallen Netflix-ster.'

'Ook goedemorgen.'

Hij bekeek haar met een opgetogen blik, die neigde naar triomfantelijkheid. 'Wat kan ik voor je doen?

'Ik wil dat je ermee ophoudt.'

Hij depte zijn vochtige lippen met een servet. 'Geen idee wat je bedoelt, maar als het over koken gaat dan zeg ik eerbiedig nee. Ik ben totaal niet van plan te stoppen.'

'Geen spelletjes, Jerome.'

'Spelletjes.' Hij snoof. 'Volgens mij ben jij daar de expert in. Althans, als het over valsspelen gaat.'

Haar hartslag versnelde. 'Ik weet wat je doet.'

'Dan weet je meer dan ik.'

Laat je niet gek maken, sprak ze zichzelf in gedachten toe.

'Ik weet van je bedreigingen, de onthullingen van de steekpenningen. Dat is allemaal vreselijk laag, maar me overal laten volgen? En dan dat met Beau... Echt... Hoe kon je?'

Even dacht ze te zien dat hij schrok, maar hij bleef gewoon onderuitgezakt zitten en wipte heen en weer met zijn stoel. 'Zoveel beschuldigingen, misschien moet je op zijn minst even gaan zitten. Koffie?'

Ze voelde het bloed naar haar wangen schieten. 'Geen denken aan.'

'Stel me dan in ieder geval voor aan die knappe, zeer mysterieuze man achter je. Is Hugo nu al ingeruild?'

'Luister Jerome... Mijn dochter ligt in coma.' Haar stem trilde en ze pakte de rand van een stoel als steun. 'Misschien was het een ongeluk, gleed je uit... Ik kan me niet voorstellen dat je echt zover gaat om haar te...' Sylvie stopte. Ze kon de woorden niet in zijn gezicht uitspreken. Haar ogen vulden zich met tranen en ze probeerde de brok in haar keel tevergeefs weg te slikken. 'In ieder geval: geen enkele concurrentiestrijd is deze ellende waard.'

Jerome pakte zijn Pernod en hief hem al proostend even in de lucht. 'Op ons dan maar.'

Sylvie volgde vol ontzetting hoe hij de drank achteroversloeg en het glaasje weer leeg op tafel zette. Hij staarde haar zwijgend aan, en een traan rolde over haar wang. Hoe kon hij zo ongevoelig zijn? Ze had op weg hierheen allemaal scenario's bedacht. Jerome zou het glashard kunnen ontkennen, of juist heel boos op haar worden. Ze had zelfs voorgesteld dat hij wel alles zou bevestigen en huilend om vergiffenis zou vragen. Maar deze reactie, een mengeling van onverschilligheid en laatdunkendheid, had ze vooraf niet kunnen bedenken.

'Ik denk dat mevrouw heel duidelijk is geweest.' Ineens klonk Xavi's zware stem achter haar en ze voelde zijn brede arm toen hij een stap dichterbij zette. 'Ze geeft je nog één kans: of je stopt nu, of ze loopt over vijf minuten door naar de politie. Bewijs genoeg. Jouw keuze.'

Hoewel ze dit niet hadden afgesproken en ze geen greintje bewijs had, was Sylvie hem zo dankbaar. Dit waren precies de woorden die ze had willen zeggen, maar niet meer kon uitspreken.

'Luister eens vriend,' begon Jerome. Hij wreef over zijn hoofd en nam kalm een slok koffie. 'Ik weet niet wie je bent en waarom je je hiermee bemoeit, maar mevrouw hier weet dondersgoed dat ik onschuldig ben.' Jerome zette geconcentreerd zijn kopje terug op het schoteltje en keek haar toen recht aan. 'Sylvie, ik vind het heel vervelend voor je. Maar ik heb hier niets mee te maken.'

Plotseling deed Xavi nog een stap naar voren en schopte met een vloeiende beweging de twee stoelpoten waar Jerome op wipte onder hem vandaan. Vloekend viel hij tegen het zonnescherm en trok in zijn val het tafeltje mee. De koffie spetterde alle kanten op en maakte een vlek op zijn lichtblauwe korte broek. In één keer was zijn decorum weg. Jeromes paar haren stonden alle kanten op, zijn hoofd was rood aangelopen en de mensen om hen heen gniffelden.

'Niet te geloven dit. Is hij je bodyguard?' Driftig depte Jerome met een servet de vlek droog. 'Sylvie, je bent nu echt te ver gegaan. Als je een beetje had opgelet op de mensen om je heen, dan had je zelf kunnen bedenken dat je beschuldigingen waanzin zijn. Waarom zou ik je in godsnaam willen bedreigen? We krijgen verdomme samen een Netflix-show.'

'Wat?' Sylvie zakte op een stoel. 'Hoe weet je dit?'

Jerome gooide het servet op tafel. 'Ja, dat vonden ze een mooi idee. De zure, valse Franse homo tegenover de bloedmooie Nederlandse Française. Beiden obsessieve chefs die elkaar regelmatig in de haren vliegen. Vast boeiende tv. Nou, ik vind alles best. Zo krijgen we tenminste allebei erkenning.'

'Echt?'

'Ja, echt waar.' Jerome stond op. 'Of denk je dat ik zo creatief ben om dat te verzinnen? En trouwens... Ga eens achter die man van je aan. Híj heeft die steekpenningen betaald. Daar heb ik alleen maar heel fel tegen geprotesteerd, want dat vond ik echt vals spel. Maar dat had met jou niets te maken.'

'Dat wist ik niet,' fluisterde ze nu bijna.

'En van die bedreigingen en de achtervolgingen... Daar ben ik toch veel te laf voor. Dat weet je zelf ook wel.'

Jerome legde wat geld op het schoteltje. 'En het spijt me oprecht van je dochter... Dat vind ik heel erg naar voor je. Geloof me, ik hoop dat ze snel opknapt.'

'Dank je.' Ze hoorde hoe dun haar stem klonk en ze

durfde Jerome niet aan te kijken. 'Sorry voor dit alles.'

Hij legde een hand op haar schouder. 'Aanvaard. Je zit ook in een bizarre situatie. Ik zal die Netflix-jongens vandaag wel even vragen contact met je op te nemen.' En terwijl Jerome van het tafeltje wegliep, gaf hij Xavi nog een laatste donkere blik. 'En de rekening voor de stomerij stuur ik je nog wel.'

Sylvie en Xavi liepen zwijgend naast elkaar over het plein. Na de afgang bij Jerome had ze verwacht dat hij haar voor achterdochtige neuroot zou uitmaken en meteen geïrriteerd zou vertrekken. Dat hij nu nog naast haar liep voelde al als winst.

Sylvie keek opzij. Ondanks de vroege ochtendhitte zag zijn donkere huid er koel uit, zijn ontspannen tred droeg bij aan zijn zelfverzekerde uitstraling. Ze was tevreden dat ze hem had gevraagd om vanochtend haar getuige te zijn.

'Ik wil dat je nu met mij meekomt,' zei hij en bleef plots staan. 'Ik wist al van je dochters ongeluk, maar toen je vertelde over de poging tot moord, schrok ik echt. Dit maakt alles nog gevaarlijker.'

'Dat begin ik ook te denken.'

'Ik vermoed dat je nog niet het hele verhaal kent.'

Ze schoof met haar espadrilles door het zand. 'Wat is het hele verhaal dan?'

'Niet hier.' Hij keek om zich heen. Behalve de mannen die nog pétanque speelden was er niemand op het plein. 'Dit dorp heeft oren.'

Ze schoot in de lach. 'Dat klinkt een beetje overdreven.'

'Helaas niet.' Hij schudde zijn hoofd. 'Kijk, ik waardeer je actie van net. Dat je Jerome zo confronteerde. Je kon niet weten dat hij er niet achter zat. Ik begrijp echt dat je dat als moeder wilde doen. Maar verstandig is anders.'

'Leg uit.'

Hij zuchtte. 'Met het gevaar dat je me straks beticht van mansplaining, maar je handelt nogal naïef. De mensen die het op jullie hebben gemunt deinzen duidelijk nergens voor terug. En ze zijn ongelooflijk machtig, hebben overal hun contacten zitten. Ik vermoed dat je daarom ook weinig aan de politie hebt. Die gaan je niet helpen. Maar dit kun je niet alleen aan.'

Ik heb jou toch gevraagd te helpen, dacht ze meteen, maar ze vroeg: 'En jij weet wie die mensen zijn?'

'Nee, geen idee,' zei hij, maar legde tegelijkertijd snel zijn wijsvinger op zijn mond. Hij keek weer even om zich heen en fluisterde toen: 'Ik vertel je zo meer.'

Ze beet op haar onderlip om niet te gaan lachen.

'Ik denk dat ik begrijp wat je bedoelt,' zei ze snel. 'Maar waarom is het dan wel een goed idee om met je mee te gaan?'

'Dat wordt duidelijk als we er zijn.'

Ze keek naar de man aan de overkant die net de winnende bal had gegooid en met schouderklopjes werd gefeliciteerd. 'En zou het niet echt heel erg naïef van me zijn als ik jou nu blind zou vertrouwen?'

'Goed punt.' Hij pakte zijn telefoon uit zijn zak. 'Hier, het nummer van mijn hoofdredacteur. Bel hem. Vraag hem maar of ik betrouwbaar ben.'

Ze nam de telefoon aan en zag *Chef Antoine*, met een nummer in Parijs staan. 'Weet je het zeker? Het is nog vroeg.'

'De journalistiek draait vierentwintig uur per dag door.'

Ze belde, maakte duidelijk chef Antoine toch wakker, verontschuldigde zich meteen, legde kort de situatie uit en vroeg naar Xavi.

'Staat hij nu naast je? Zeg die lul dat hij te laat is met zijn deadline.'

Ze glimlachte. 'Dat zal ik zeker doorgeven. Maar ik ben vooral benieuwd of hij een integere journalist is.'

'*Merde,* bel je me daar zo vroeg voor? Die vent heeft al drie keer de belangrijkste Europese award gewonnen. Vraag me niet waarom,' mopperde hij verder. 'Hij levert nooit op tijd in. Maar eerlijk is eerlijk, er staan veel scoops op zijn naam. Hij heeft een neus voor nieuws.'

Ze bedankte de chef en gaf de telefoon terug. 'Oké, ik kom mee. Maar ik moet uiterlijk om half tien terug zijn.'

Xavi keek op zijn horloge. Een ouderwetse, met vergeelde wijzerplaat, wat hem nog charmanter maakte. 'Dat is over minder dan twee uur. Dat wordt krap, maar moet lukken. Als we tenminste snel een auto ophalen. '

'We kunnen met die van mij, die staat om de hoek.'

Xavi schudde zijn hoofd. 'Je werd toch achtervolgd?'

'Goed punt,' herhaalde ze lachend. Bizar eigenlijk dat ze zich in deze situatie zo giechelig voelde. Misschien juist wel omdat alles zo extreem absurd was.

'Je leert snel.' Het kuiltje in zijn wang verscheen weer. 'Kom, het is niet ver.'

Hij liep voorop, en ze moest af en toe een extra stap zetten om hem bij te houden. Twee straten verder stopte hij op de hoek voor een groezelige shoarmatent. Ze keek hem vragend aan. 'Is het hier? Dit ding is nog niet eens open.'

Hij snoof. 'Iets meer vertrouwen graag.'

Xavi duwde tegen de deur die inderdaad meteen openging. Een belletje klonk en een jongen die amper achttien leek kwam loom vanachter de toonbank omhoog. Hij begroette Xavi met een high five.

Sylvie wachtte tot ze voorgesteld zou worden, maar ze werd volkomen genegeerd.

'Wat heb je nodig?' vroeg de jongen.

'Een auto.' Xavi leunde op de toonbank. 'Voor max twee uur.'

Het verzoek was duidelijk heel normaal, want de jongen trok een la open en graaide door een stapel sleutels. 'Neem de Fiat.' Hij gooide Xavi een bosje toe. 'De rode. Hij staat verderop in de straat.'

'Mooi.' Xavi stak de sleutel in zijn zak. 'Genoeg benzine?'

'Als je op en neer naar Parijs wilt ga je het niet redden, maar voor de rest ben je safe.'

'Mooi,' zei Xavi weer en overhandigde zijn telefoon. 'En deze laten we even hier.'

De jongen knikte en legde hem in een oude magnetron. Hij hield het deurtje open.

'Nog meer?'

Xavi keek Sylvie recht aan. 'Ook die van jou graag.'

Ze wilde protesteren, iets zeggen over het ziekenhuis, maar de situatie was zo vreemd dat ze haar telefoon zonder commentaar aan de jongen gaf die hem achteloos in de magnetron gooide en het deurtje sloot.

'Twee uur max,' herhaalde Xavi en trommelde als afscheid op de toonbank. 'Kom, we gaan.'

Ze reden op de Route Capon in de richting van Plage de Pampelonne. Niet dat ze de weg kon zien, ze lag onderuitgezakt op de passagiersstoel, maar de route was haar zo vertrouwd dat ze alle gebouwen en bomen die boven haar hoofd voorbijschoten herkende. Ze lag er oncharmant bij, met haar buik die naar voren puilde, en ze probeerde haar blouse zo te leggen dat het niet opviel.

'Ik geloof wel dat het nu het juiste moment is om wat meer achtergrond te geven over al je veiligheidsmaatregelen,' zei ze.

'Nou, ik weet het niet.' Xavi lachte. 'Ik vind dit wel prima zo. Nee, zonder gekkigheid. We zijn bijna het dorp uit, dan kan je weer omhoogkomen. Ik wil niet dat mensen ons samen zien wegrijden. Dat is voor ons allebei een risico.'

'Is dat ook de reden dat je de hele tijd de smalle eenrichtingsstraatjes pakt?'

'Absoluut.' Hij keek even schuin naar beneden. 'Dat maakt volgen lastiger.'

'En waarom hebben we de telefoons achtergelaten?'

Xavi stopte voor het laatste stoplicht van het dorp. 'Dat is voorzorg. De laatste tijd worden zoveel journalisten afgeluisterd, dat risico kan ik niet nemen. Ze kunnen zelfs meeluisteren als je telefoon uit is. Bovendien pinnen ze de locatie van je telefoon, zodra je online bent. Dat moeten we nu niet hebben.'

Ze reden verder en Xavi gebaarde dat ze omhoog kon komen.

'Dan moet je me toch iets meer over die "ze" vertellen.' Ze maakte aanhalingstekens in de lucht. 'Over wie hebben we het eigenlijk?'

'Niet om flauw te doen, maar dat weet ik ook nog niet precies.'

Sylvie zuchtte. 'Waarom ben ik dan hier?'

'Ik weet wel íéts. Kijk...'

Ze schoof naar voren. 'Wacht, je gaat toch niet naar Club 55? Daar werkt mijn dochter en...'

'Dat weet ik toch,' zei hij net iets te soepel. 'En nee, daar gaan we zeker niet heen. Dat lijkt me nu niet handig.'

Ze keek hem van de zijkant aan. Hij reed hard en gecontroleerd, maar zijn handen hielden het stuur stevig vast, alsof hij bang was om van de weg te raken. 'Waarom weet je eigenlijk zoveel over ons?'

Ineens draaide Xavi van de weg af en sloeg een klein zandweggetje in. Sylvie pakte een handgreep om rechtop te blijven. Hobbelend reden ze door, langs rijen wijnranken. 'Verdomme Xavi, wat is dit?' Ze voelde het zweet op haar rug staan. 'Waar gaan we in godsnaam heen?'

Xavi reageerde niet maar reed om een rij bomen heen, een open veldje op en zette plotseling de motor uit. 'We zijn er.'

Ze keek om zich heen. Het braakliggende terrein was ongeveer zo groot als een half voetbalveld en volkomen omringd door bomen en wijngaarden. Vanaf dit punt was er geen huis te zien. 'Wáár zijn we?'

'Hier is het begonnen.' Xavi gooide de deur open en stapte uit. 'Kom, ik laat het je zien.'

Sylvie zag hem weglopen, maar bleef zitten. De sleutel zat nog in het slot. Ze zou nu snel kunnen wegrijden. Want ze had zijn werkgever dan wel gecheckt, maar voor de rest wist ze nog steeds bar weinig van hem. En het was heel vreemd dat hij zoveel van haar gezin wist, maar ondertussen zo vaag bleef.

Zou haar eerste onderbuikgevoel dat er iets aan hem niet klopte dan toch juist zijn? Misschien zat hij achter die dreigtweets? Al had ze die sinds gisteren niet meer gekregen. In ieder geval was ze nu wel heel erg alleen met hem. Hoe hard ze ook zou schreeuwen, niemand zou haar hier kunnen horen.

Sylvie schoof over de versnellingspook achter het stuur langs en net toen ze voor de zekerheid de sleutel had gepakt, hoorde ze Xavi weer roepen. 'Kom je nog? Dit stuk land is namelijk van jou.'

Sylvie zakte met haar espadrilles diep weg in de rulle rode aarde toen ze naar hem toe liep. Xavi wees naar een houten bord met een vel papier dat aan de zijkant van het terrein stond. Toen ze dichterbij kwam, zag ze pas wat er op de poster stond. Een verzoek voor een vergunning voor de bouw van een hotel, van drie verdiepingen, aangevraagd door de eigenaren Hugo Joubert en Sylvie Meekes.

'Hoe kan dit?'

Xavi grinnikte. 'Ik neem aan dat dat betekent dat je hier niet van op de hoogte was?'

'Nee, natuurlijk niet. Hier hebben we het geld toch helemaal niet voor.'

'Dat dacht ik al.' Hij veegde wat bladeren weg en ging in de schaduw op een omgevallen boom zitten. 'Door dit terrein ben ik op jullie zaak gekomen.' Hij tikte naast zich. 'Kom zitten.'

Even twijfelde ze. Was ze nou te achterdochtig of terecht voorzichtig? Er was maar één manier om daar achter te komen, dus ze ging inderdaad naast hem zitten. 'Brand los.'

Met een gedempte stem vertelde Xavi dat hij een paar maanden geleden was getipt door zijn contacten in de regio over stijgende corruptie. 'Gevoelige info, want de burgemeesters in Zuid-Frankrijk roepen altijd dat ze door Parijs worden behandeld als criminelen die constant steekpenningen aannemen, wat ze natuurlijk vervolgens ontkennen. Maar als dat dus inderdaad blijkt te gebeuren, breekt de hel los. Dan gaat de centrale regering hier hard ingrijpen en zal het zuiden de hoofdstad nog meer gaan haten. En het land is al zo gepolariseerd. Antoine wilde daarom dat ik die lead onmiddellijk opvolgde.'

'En?' vroeg ze, terwijl ze het antwoord niet wilde horen. 'Gebeurt het?'

Xavi gooide een steentje in het zand. 'Simpel gezegd, ja. Maar het bleken niet de lokale bestuurders te zijn die even wat extra geld wilden verdienen. Het is veel groter. Het lijkt erop dat er een groot netwerk achter zit. Misschien zelfs internationaal, maar dat kan ik niet hard maken. Nog niet, althans.'

'Hoe weet je dit?'

'Sylvie, bronnen zijn heilig,' zei Xavi zuchtend. Hij had die zin ongetwijfeld al heel vaak uitgesproken. 'Je moet me dus maar op mijn woord geloven.'

'Dat maakt het juist zo irritant.'

Xavi glimlachte. 'Je houdt graag zelf het overzicht hè?'

'Zoiets ja.' Ze hoorde weer Hugo's geïrriteerde stem die haar een controlfreak noemde en haar betichtte van Hollandse efficiëntie. Voor het gemak vergat hij dat juist die eigenschappen haar als chef zo ver hadden gebracht.

'Als dat netwerk daadwerkelijk zo groot is, waarom hebben ze dan interesse in ons?' Sylvie brak gedachteloos een stukje hout van de stronk af. 'Ik bedoel... ik heb alleen maar een restaurantje. In godsnaam, waarom bedreigen ze dan mijn hele familie? En die aanval op Beau... Waarom? Het slaat toch nergens op?'

'Sorry, ik weet het dus ook niet, nog niet.' Xavi klopte even op haar knie. 'Maar ik weet wel dat je eigen man hier een rol in speelt.'

Sylvie liet haar schouders hangen. 'Dat heb ik inmiddels wel begrepen.'

Xavi legde uit dat Hugo de laatste maanden meer van dit soort stukken land had opgekocht, vervolgens kansloze vergunningen aanvroeg of steekpenningen betaalde om ze te krijgen en dit alles met cashgeld deed.

'Hoe ben je hier achter gekomen?'

'Je blijft het proberen hè.' Xavi lachte. 'Geen bronnen dit keer. Het wordt gewoon geregistreerd bij de gemeente, dat kan iedereen opvragen.'

Sylvie gooide het stukje stronk weg. Stom dat ze daar gisteren niet zelf aan had gedacht. 'Maar waarom zou Hugo dat doen? Hij moet toch geweten hebben dat het een keer uit moest komen. Zeker als al die informatie zo makkelijk vindbaar is.'

'Dat hield me ook bezig, maar ik vermoed dat hij wordt gechanteerd. En het dus voor een ander doet.'

Xavi keek haar aan, maar ze keek weg en brak nog een stuk schors af. Moest ze nou gaan uitleggen dat Hugo een maîtresse had? Als hij dat voor haar geheim had willen houden was hij inderdaad chantabel geweest. Maar dat was zo'n ranzig motief, dat kon toch niet alles verklaren? Bovendien wilde ze niet nog naïever overkomen. Ze had al zoveel over het hoofd gezien en dan had ze ook nog niet doorgehad dat haar man een affaire had.

'Lastig hè.' Xavi blies hard uit. 'Dat diegene die je het meest vertrouwde, je het ergst verraadde?'

Ze keek hem vragend aan. 'Hoe kan je dat nou ook al weten?'

'Ik herken je reactie. Pijn, schaamte, schuld. Alles bij elkaar.' Zijn blik keerde naar binnen. 'Een half jaar geleden voelde ik precies hetzelfde. We waren al zestien jaar samen. Ze wilde geen kinderen, maar dat was oké. We deden leuke dingen, we werkten allebei hard, maar plotseling was ik niet meer goed genoeg, vond ze alles aan mij irritant. Toen bleek ze al een jaar een ander te hebben.'

'Heftig.'

Xavi zocht haar blik en leek ineens kwetsbaar. 'Het was mijn beste vriend. Nu ben ik ze allebei kwijt.'

'Jeetje.'

In een reflex had ze bijna een troostende arm om hem heen geslagen, maar hield zich net op tijd in. Ze wilde niet het persoonlijke en zakelijke nog verder vermengen. Hij wist al zoveel van haar.

Ze zwegen samen en Sylvie volgde een kleine valk die recht boven het veld zweefde. Waarschijnlijk op zoek naar een muis of een grote krekel, misschien wel een kikker. Haar grootvader had haar leren vogelspotten, dan gingen ze samen op de fiets naar landgoed Ampsen om een hele zondagochtend langs de rand van een veld te zitten. Net als hier. Ze miste soms die eenvoud.

‘Sorry.’ Xavi stond ineens op en leek zijn zelfvertrouwen weer terug te hebben. ‘Ik weet niet waarom ik je hiermee vermoeide. Als journalist hou ik normaal juist afstand. Echt.’ Hij keek op zijn horloge. ‘Kom, we moeten gaan.’

Zonder om te kijken liep hij met grote passen terug naar de Fiat. Sylvie stond op en sjokte achter hem aan. Zelfs zo vanachter, in zijn nonchalante, wat afgezakte spijkerboek, zag hij er nog irritant goed uit.

Eigenlijk had ze nu al spijt dat ze niet empathischer op zijn openhartigheid had gereageerd. Xavi was een goede researcher en ze had zijn steun echt nodig. Ze moest dus wel zorgen dat hij geïnteresseerd bleef in haar verhaal.

‘Mooi horloge,’ zei ze daarom toen ze bij de auto waren. ‘Vintage?’

Xavi’s gezicht klaarde op. ‘Van mijn vader. Toen hij vanuit Senegal naar Frankrijk emigreerde, heeft zijn vader dit horloge voor hem gekocht. Die was zo trots, zijn oudste zoon die als eerste van de familie aan de universiteit ging studeren. Medicijnen nog wel. ’

‘Bijzonder zeg,’ zei Sylvie en stapte in. ‘Trouwens, je zou me nog iets over mijn ouders vertellen.’

Xavi schoof achter het stuur. ‘Klopt.’ Hij greep naar het slot. ‘Hé, hoe kan dit? Ik dacht dat ik de sleutel…’

‘Bedoel je deze?’ Ze hield de autosleutel in de lucht. ‘Ik had hem voor de zekerheid toch maar meegenomen. Voor het geval je me hier voor dood achter zou willen laten.’

Gelukkig barstte Xavi in lachen uit. ‘Jeetje Sylvie, je kunt ook te eerlijk zijn.’

Opgelucht dat het ongemak tussen hen was verdwenen, vroeg ze opnieuw naar haar ouders.

'Ja, Malou Meekes en Alain Said,' zei hij toen hij het zandweggetje weer op reed. 'Daar was weinig over te vinden.'

Klopt, dacht ze. Het was zelfs vreemd om hun namen hardop te horen. Haar grootouders spraken weinig over ze. Op haar moeders verjaardag brandden ze een kaars in de kerk en liepen daarna met zijn drieën naar haar graf. Eén keer had ze gevraagd waar haar vader begraven lag. Haar grootmoeder beweerde toen met tranen in haar ogen dat echt niet te weten. Al als kind wist Sylvie niet of ze dat moest geloven, maar ze begreep wel meteen dat ze er nooit meer naar moest vragen. 'Waarom wilde je eigenlijk meer over ze weten?'

'Voor een artikel probeer ik altijd veel over de achtergrond van mijn geïnterviewden te weten te komen. De kracht van een verhaal zit hem in de details.'

Ze keek hem aan. 'Ga je een artikel schrijven over ons?'

'Ik ben een jour-na-list,' sprak hij expres traag uit. 'Ik schrijf. Wat dacht je dan?'

Ja, wat dacht ze dan eigenlijk? 'Kan het ook zonder onze naam?'

'Ik beloof je dat ik het je laat lezen voordat ik het publiceer. Maar zo ver ben ik nog lang niet.'

Ze reden nu weer over de weg langs Plage de Pampelonne, met de rij palmbomen en erachter de glinstering van het turquoise water en het spierwitte zand. Normaal zou ze direct doorrijden om te gaan zwemmen, maar nu dacht ze er alleen aan dat ze nog maar een kwartiertje samen hadden.

'Oké, wat wilde je nog zeggen over mijn ouders?' vroeg ze weer en hoopte dat hij niet over hun dood zou beginnen.

Xavi wees richting het strand. 'Daar bij Club 55 werkt je dochter toch?'

Sylvie knikte. 'Lilou verkoopt er juwelen.'

'Ben je er zelf weleens geweest?'

'Nee, dat wil Lou expliciet niet. Je moeder op je werkplek is zo niet cool.'

Xavi lachte. 'Misschien moet je toch eens gaan kijken. Jouw eigen moeder heeft er ook gewerkt.'

'Wat?' Sylvie schoot omhoog. 'Hoe weet je dat? Wat deed ze daar dan? Wanneer?'

Hij lachte weer. 'Heb ik even een mooie scoop voor je. Ik las het in een biografie over Bernard de Colmont, de eerste eigenaar van de strandtent. Malou was daar een serveerster die hem ook hielp met de styling. Ze had geloof ik een zitzak bedacht, die razend populair werd. Ergens in 1968.'

'Een jaar voordat ik geboren werd,' mompelde ze en keek naar het beroemde strand dat in de verte voorbijtrok. 'Heb je dat boek?'

'Natuurlijk, ik neem het de volgende keer voor je mee.'

Ze naderden de bebouwing van Saint-Tropez weer en automatisch zakte Sylvie wat lager in haar stoel. Half liggend onder het dashboard besefte ze dat ze in de laatste vierentwintig uur al meer nieuwe informatie over haar leven had gehoord dan in de afgelopen tien jaar. En al waren de meeste onthullingen vooral verontrustend en had ze die liever niet gehoord, dit van haar moeder was bijzonder. Ze kon niet wachten het Lilou te vertellen.

Saint-Tropez, augustus 1968

Malou schoof haar blote voeten onder de bovenste warme laag van het witte zand. Daar was het nog net wat koeler, zodat de zolen van haar voeten niet konden verbranden. Daarna schuifelde ze langzaam met een blad vol glazen wijn naar de drie stoelen verder op het strand. Normaal verbood Bernard zijn gasten de houten stoelen van zijn restaurant in het hete zand te zetten, maar BB, zoals hij Brigitte Bardot liefkozend noemde, kon hij niets weigeren. Zij was degene die Le Club 55 een paar jaar geleden populair had gemaakt en daar was Bernard haar nog steeds dankbaar voor.

Ondanks haar moeizame geschuifel lukte het Malou makkelijk om het dienblad recht te houden. In die drie maanden dat Alain en zij hier nu werkten, had ze van het balanceren een kunst gemaakt. Maar het bordje met in knoflook gedrenkte slakken op het blad maakte de tocht over het zand vandaag toch een uitdaging. De sterke geur maakte haar zo misselijk dat ze in gedachten haar neus moest dichthouden om niet over te geven.

Gelukkig lukte het haar om de drankjes en het eten zonder ongelukken op het wankele tafeltje te krijgen. BB tikte als bedankje tegen haar grote strooien hoed en pakte meteen haar glas rosé op. De lichtroze kleur van de wijn matchte perfect met de geblokte sjaal die ze om haar hoed had gedrapeerd. Door de grote zonnebril kon Malou niet zien of BB haar aankeek.

Ze mompelde snel 'graag gedaan' en wilde al weglopen, toen de man naast Bardot haar met een uitgestoken been tegenhield. Hij zat onderuitgezakt in zijn stoel en zijn hemd viel open, waardoor zijn donkere borsthaar goed te zien was. Zijn donkere ogen namen haar van boven naar beneden op, alsof hij moest inschatten hoe lang ze was, en bleven op haar borsten rusten. Die waren inderdaad sinds een paar dagen fors gegroeid, waardoor het decolleté van haar zomerjurk verder openstond dan normaal.

'Kan ik nog iets voor u betekenen?' vroeg ze en snel trok ze de twee kanten van haar kraag dichter bij elkaar.

'Kom gezellig bij ons zitten,' stelde de man voor en wees naar de lege stoel naast hem. En ineens wist Malou weer wie hij was. Alain Delon, die net met Bardot in *Spirits of the dead* had gespeeld. Een surrealistische horrorfilm die Malou drie weken geleden nog met haar eigen Alain in de bioscoop hier in Saint-Tropez had gezien. Op het scherm droop de sexappeal van hem af, in het echt leek hij wat ouder en meer verlopen, maar zijn ogen schitterden. Ze leken dwars door haar beschermlaag heen te snijden en ze deed snel een stap naar achter.

'Nee hoor, dank u wel.' Malou glimlachte en wees naar de houten keet aan het begin van de duinen. 'De keuken heeft me nodig.'

Alain bewoog soepel mee op de tonen van 'Sympathy

for the devil', de zomerhit van de Rolling Stones die door de grote boxen over het terras klonk. 'Kom op... Het is vakantie!'

Niet voor mij, dacht Malou. 'Nee echt, ik moet gaan.'

'Come on, I am a man of wealth and fame,' citeerde Delon met een zwaar Frans accent de songtekst van Mick Jagger. '*Dance with me.*'

Bardot klakte verveeld met haar tong. 'Werkelijk Alain... Doe normaal.'

Voordat de acteur kon reageren had Malou zich op haar hielen omgedraaid en rende bijna terug naar het terras dat door een afdak van grote rieten matten net genoeg schaduw gaf om het zand af te koelen. Ze leunde tegen een bamboepaal om haar voeten even rust te geven, maar zag dat Bernard haar vanuit de keuken alweer wenkte.

Zigzaggend liep Malou langs de kleine tafeltjes naar hem toe, terwijl ze de opgestoken vingers van gasten negeerde.

'Wat kan ik voor je doen?' vroeg ze toen ze bij de bar aankwam.

'*Merde*, er komt weer een bootje aan met gasten.' Het zweet droop van zijn zongebruinde gezicht. 'Roman Polanski notabene, met de crew van *Rosemary's Baby*. Negen mensen totaal.'

'Spannend toch?'

'Nee, een catastrofe!' Dramatisch gooide hij zijn armen in de lucht. 'Waar moeten we die mensen nou weer laten?'

Ze keken samen het terras rond en Malou moest haar baas gelijk geven dat het vandaag nog drukker was dan anders. De gasten zaten zelfs naast de houten vlonders in het zand.

'En dan is die vriend van jou ook nog weg,' zuchtte Bernard. 'Waarom moest hij juist vandaag naar de dokter?'

Alain is niet voor zichzelf naar de dokter, dacht ze meteen, maar dat kon ze niet zeggen. 'Hij zal zo wel terugkomen. Trouwens, ik heb een idee.'

'Dat moet dan wel heel briljant zijn.' Hij hing apathisch tegen de bar. 'We stevenen hier af op een gigantische ramp.'

Ze legde uit dat ze de dikke kussens van de bank in zijn kantoortje kon pakken, dan een parasol bij de buren kon lenen en met wat doeken uit het winkeltje een soort sit-in-plek kon creëren. 'Daar, halverwege het duin.'

Bernards gezicht klaarde meteen helemaal op. 'Niet gek. Dan lijkt het ook nog heel bohemien. Dat wil iedereen nu toch, in *the summer of love*? Kun jij dat snel regelen?'

Ze wilde niets liever. Even weg van de drukte, de misselijkmakende geuren uit de keuken en de brandende zon. Maar ze keek alsof het heel lastig zou worden, want hij moest het gevoel krijgen dat ze hem een gunst verleende. Dat zou haar dan wat speelruimte kunnen geven voor als Alain terugkwam. 'Ik weet niet of ik daar wel tijd voor heb.'

'Natuurlijk wel.' Bernard maakte een groots wegwerpgebaar met zijn handen. 'We lossen het hier op het terras wel op. Ga snel. Regel het. En dan neem je daarna even je pauze.'

Ze glimlachte, het had niet beter kunnen uitpakken. 'Vooruit.'

Vlug liep ze voor de ingang langs naar achteren, waar een oude caravan dienstdeed als Bernards kantoor. De deur en raampjes stonden wijd open, maar binnen was het nog steeds stikwarm. Hoe anders was het de eerste dag dat Alain en zij hier binnenstapten. Het was de koudste 20 mei in jaren en Bernard zat rillend in een dikke trui op hen te wachten.

Ze hadden van Badr gehoord dat ze bij een strandtent op Plage de Pampelonne veel mensen in de bediening zochten. Aangezien ze na die eerste nacht samen in de logeerkamer niet meer bij zijn neef mochten logeren, moesten ze snel werk zien te vinden om zelf een kamer te kunnen betalen. Natuurlijk had Alain geprobeerd uit te leggen dat er niets tussen hen was gebeurd, maar dat maakte niets uit. Volgens Badr kon de eer van de familie alleen nog maar gered worden als ze snel uit beeld zouden verdwijnen.

Malou propte twee kussens onder haar linkerarm en pakte het derde met rechts op. Gelukkig had Bernard hen meteen in dienst genomen. Ze hadden hem geholpen de club voor het zomerseizoen snel op te bouwen, en mochten die eerste week tijdelijk in een opslagcontainer logeren. Daarna hadden ze een kamer in de haven van Saint-Tropez gevonden. Klein en donker, maar dat maakte voor deze zomer niet veel uit. Ze sliepen er eigenlijk alleen maar.

Via het duin liep Malou nu naar de zijkant van de club, die ondanks zijn succes nog steeds niet meer was dan een uitgebouwde houten keet. Bernard wilde graag de ongedwongen sfeer van het begin behouden en ondanks de enorme populariteit lukte hem dat aardig. De gasten kwamen speciaal voor de *hippie vibe* die Frankrijk deze zomer overspoelde.

Ze gooide de kussens op een hoop en liep nog een keer terug om de rest te halen. Daarna legde ze die in een halve maan rond een denkbeeldig kampvuur. Vervolgens klom ze over het duin heen en liep naar het café van de buren, een traditioneel vissersrestaurantje waar ze samen met Alain op hun vrije dag vaak gingen lunchen. Ze aten dan de vis die de ochtend net vers was binnengehaald, met wijn uit de heuvels achter het strand.

Gedurende die zondagen hadden ze elkaar pas echt leren kennen. Alain was grappiger dan ze had gedacht en langzaam was ze toch wel verliefd op hem geworden. En na een paar weken braaf naast elkaar te hebben gelegen, hadden ze half juni voor het eerst seks gehad. Eerst voorzichtig, maar al snel leerden ze elkaars lichaam goed kennen en konden ze uren van elkaar genieten.

Het waren die zwoele, intieme nachten die haar door deze zomer heen hadden getrokken. Ze had haar ouders niet verteld dat ze was gestopt met de studie, maar wel uitgelegd dat ze de onrusten was ontvlucht en een tijdelijk baantje in Zuid-Frankrijk had gevonden. Ze wist dat aan deze zomer ooit een einde zou komen, maar ze had nog geen idee wat ze daarna moest gaan doen. En of Alain in die toekomst paste. Maar misschien bepaalde het lot vandaag vanzelf wel hoe haar leven er verder uit zou zien.

Hijgend bereikte ze het kleine keukentje, waar Pierre in een groezelig wit hemd achter het fornuis stond.

'*Ah ma belle femme*, wat zie je er fantastisch uit,' riep hij haar toe. 'Je lijkt wel te stralen.'

'Nou, ik voel me anders gesloopt.' Ze probeerde de vette geur van de olie in de pannen te negeren. 'Pfoe, wat is het warm vandaag.'

Terwijl hij met een hand in een pan bouillabaisse roerde, schonk hij met de andere een glas water voor haar in. 'Hier, je moet goed blijven drinken. Waar is Alain trouwens?'

'Die moest even wat doen,' antwoordde ze vaag. Pierre was niet veel ouder dan zijzelf, maar hij kon scherp observeren en ze was bang dat hij meteen iets zou doorhebben. 'We zitten hiernaast bij 55 met een noodsituatie. Heb je een parasol te leen?'

Meteen draaide Pierre het vuur lager en liep met haar mee naar achter, waar inderdaad nog een grote parasol tegen de muur stond. 'Luc kan hem voor je dragen, maar die is even wat boter gaan halen. Heb je tien minuutjes?'

Malou pakte de parasol zelf vast. 'Eigenlijk niet en het lukt me zelf ook wel.'

'Zeker weten?' Pierre hield zijn hoofd schuin. 'Ik kan hier helaas niet weg.'

Ze gooide de parasol over haar schouder. 'Geen probleem. We brengen hem vanavond terug.'

De eerste honderd meter ging inderdaad zonder problemen, maar toen Malou weer het duin over moest, begon ze pas te merken hoe zwaar de parasol eigenlijk was. Tegen de tijd dat ze boven was, was ze buiten adem en voelde ze ineens een scherpe steek in haar buik. Ze boog zich voorover en de parasol gleed van haar schouder af het zand in.

Nee, niet nu. Ze leunde op haar bovenbenen en probeerde de steek weg te ademen. Al drie weken volgde ze elk pijntje in haar buik en hoopte ze elke keer dat het erger zou worden. Maar nu besefte ze ineens dat ze helemaal niet wilde dat deze pijn nog sterker werd. Ze beet op haar onderlip en concentreerde zich op haar ademhaling. Een, twee, drie…

'Zie je wel?' hoorde ze plotseling Pierres stem achter zich. 'Dat ding is echt te zwaar. Kom.'

Meteen pakte hij de parasol op, liep ermee naar beneden en zette hem tegen een boom. Voorzichtig liep ze achter hem aan, terwijl de pijn langzaam leek te verdwijnen.

'Dank je wel,' zei ze nog nahijgend.

'Luc kon het toch even in de keuken overnemen.' Pierre wreef kort over haar rug. 'Rustig aan doen, hè. De eerste weken moet je echt oppassen, dat weet ik nog van mijn vrouw.'

Zonder nog iets te zeggen rende hij weer het duin op. Hoe kon hij het in hemelsnaam weten? Was het zo duidelijk aan haar te zien? Eigenlijk wist ze het zelf niet eens zeker. Alles wees er wel op, maar ze had het de afgelopen dagen geprobeerd te negeren. Vooral omdat ze niet wist of ze wel met Alain verder wilde.

Malou liep door naar het winkeltje waar ze sinds kort lange kralenkettingen, kaftans en sarongs verkochten. Een groot succes, vooral nadat Jane Fonda de halve voorraad had opgekocht. Malou liep snel naar de sarongs, overlegde met de verkoopster en liep daarna met drie felgroene doeken weer naar buiten.

Ineens hoorde ze iemand haar naam fluisteren. Ze moest even tegen de zon in kijken, maar zag toen Alain gehurkt achter een bosje zitten, zijn witte overhemd stak fel af tegen de groene takken. Schoorvoetend liep ze naar hem toe. Hij was zo lief geweest om voor haar de uitslag op te halen bij de dokter, omdat zij ineens had bedacht dat ze de spanning in haar eentje in die wachtkamer niet zou aankunnen. Nu besefte ze dat ze het vonnis alleen maar had uitgesteld.

Met elke stap leken haar benen zwaarder te worden en haar ademhaling oppervlakkiger. Eigenlijk wilde ze het gewoon niet zeker weten, want in het ongewisse zat ook nog haar vrijheid.

Toen ze om de boom heen was gelopen, zag ze dat Alain niet op zijn hurken zat, maar op één knie leunde. Hij had een nette donkere broek aangetrokken en zijn lange haren gekamd. Voor zich uit hield hij een doosje in zijn hand.

'Allerliefste Malou.' Zijn stem kraakte en achter zijn bril

waren zijn ogen waterig. 'De afgelopen maanden heb je mij geleerd wat echt leven is en dat leven wil ik voor altijd met je delen. Lieve Lou, wil je met mij trouwen?'

Malou viel ook op haar knieën, liet de doeken uit haar handen vallen en barstte in tranen uit. Niet van blijdschap, hoewel ze merkte dat Alain dat wel dacht. Hij keek haar ontroerd aan en klapte het doosje open. Maar ze huilde omdat ze het nu zeker wist: ze was zwanger en daarmee haar onafhankelijkheid voor altijd kwijt. Ze besefte dat ze Alains galante aanbod niet kon afslaan, ze had geen enkel alternatief, maar ze wilde het ook niet hardop bevestigen. Het enige wat ze kon doen was accepteren dat Alain een smalle ring met een diamantje om haar vinger schoof.

'Dank je wel,' fluisterde ze en kuste haar toekomstige echtgenoot, de vader van haar kind, op zijn wang. Ze rook de vertrouwde mix van ceder, Gauloises en wijn. De geur die haar de rest van haar leven zou omringen.

Saint-Tropez, 2022

Xavi stopte de auto en Sylvie wilde uitstappen, toen hij haar schouder pakte. 'Even wachten.'

Ze voelde zijn warme hand door haar blouse heen. 'Wat is er dan?'

'Misschien staat iemand ons op te wachten.' Hij keek in de achteruitkijkspiegel. 'Of zijn we gevolgd.'

Hoewel het een dialoog was die eerder in een actiefilm thuishoorde, voelde Sylvie totaal geen angst. Niet nu ze hier zo samen zaten. Xavi leek te weten wat hij deed en het was fijn dat ze even niet de hele tijd alleen verantwoordelijk was voor wat er moest gebeuren.

'Oké, volgens mij is alles in orde.' Hij liet haar schouder los en keek op zijn horloge. 'Bijna half tien. Precies op tijd toch?'

Ze knikte. 'Bedankt voor alles.'

'Ik heb niet zoveel gedaan.' Hij draaide het raampje dicht. 'Ik ben juist heel gefrustreerd dat ik nog niet meer weet. Weinig kennis, daar kunnen journalisten slecht tegen.'

'Dat is in mijn voordeel, denk ik.'

Hij lachte. 'Absoluut, maar dat zal je nog wel merken.'

Ze stapten uit en Xavi wierp nog een blik over zijn schouder terwijl ze naar de shoarmatent liepen. De deur van het restaurantje stond op een kier en ze wilde al naar binnen lopen, maar Xavi trok haar krachtig terug.

'Wacht,' fluisterde hij, zijn wenkbrauwen gefronst. 'Dit is vreemd.'

Hij gebaarde haar achter hem te blijven en deed daarna heel langzaam de deur verder open. Op de drempel bleef hij staan en luisterde. Binnen was het doodstil. De jonge jongen was nergens te bekennen.

Sylvies hartslag versnelde. Ze zag dat Xavi's nek rood aanliep.

'Blijf hier,' mimede hij.

Ze gebaarde dat ze 112 moesten bellen. Xavi schudde driftig zijn hoofd, zette een stap naar binnen en wachtte weer even. Stilte. Hij deed snel nog een paar stappen en wachtte weer. Nog steeds niets. Heel langzaam legde hij de sleutel op de toonbank.

Sylvie hield haar adem in, keek nog eens de straat in. Niemand, zelfs geen voorbijrijdende auto. Xavi draaide zich om en wilde weglopen, toen Sylvie naar de magnetron wees. Hij deed een stap terug, boog zich over de toonbank heen en kon nog net de hendel grijpen. Ze ademde uit. Gelukkig.

Op zijn tenen lukte het Xavi om hun telefoons eruit te halen en ze zag zijn lichaam wat ontspannen. Ineens bleef hij stokstijf staan en staarde met grote ogen naar iets achter de toonbank.

Wat is er, wilde ze roepen, maar ze kon alleen gebaren. Hij leek haar niet op te merken. Ze zwaaide voorzichtig en met een schok leek hij zich weer bewust te worden van haar aanwezigheid. Op zijn tenen liep hij achteruit en stapte naar buiten.

'Lopen, nu!'

Zijn fluisterende stem was zo dwingend dat ze meteen met grote stappen de straat op liep. Aan de overkant durfde ze weer hardop te praten. 'Wat was er?'

'We moeten allebei een andere kant op,' zei hij gehaast, met zijn ogen nog strak gericht op de shoarmatent.

'Maar ik...'

'Nu, ga naar huis.' Hij gaf haar een duwtje in de rug. 'Ik bel de politie.'

Ze deed een stap bij hem vandaan. 'Waarom? Wat is er dan gebeurd?'

'Het is beter als je het niet weet.'

'Maar Xavi...'

Hij keek haar recht aan. 'Geloof me. Ga.'

Misschien waren het zijn donkere ogen, of de lage toon van zijn stem, maar Sylvie voelde opeens haar hart in haar keel kloppen. Ze draaide zich om en liep zo snel mogelijk, zonder echt te rennen, de Rue de la Poste uit en de Place Alphonese op. Hier was het drukker, mensen liepen de Monoprix uit met tassen vol boodschappen en scooters schoten voorbij.

Ze was bijna verrast dat het normale leven zo gewoon doorging. Ze glimlachte opgelucht naar een vreemde mevrouw en begon langzamer te lopen. Wat had Xavi gezien? Een tas vol drugs? Het leek er de locatie voor. Of was er iets met die jongen gebeurd? Hadden ze hem misschien...? Omdat zij daar was geweest?

Nee, niet meteen weer doordraaien, zei ze in gedachten tegen zichzelf. Ze ademde lang uit. Niet meteen het ergste denken. Xavi zou haar later wel vertellen wat er was gebeurd. Ze moest nu vooral rustig blijven, doorlopen, nadenken en plannen maken.

Snel pakte ze haar telefoon. Een berichtje van Gabriel met een foto van Maxie op bed. *Hier alles goed, sterkte met Beau.* En verder alleen gemiste oproepen van Hugo. Tien in het laatste half uur. Eerst een appje naar Lilou: *Ben over 15 minuten thuis, dan meteen vertrek?!* Ze ademde daarna diep in, ging aan de overkant in de schaduw lopen en belde Hugo.

'*Merde* Syl, waar was je?'

Ze ontweek twee zoekende toeristen. 'Waar was jíj?'

'De politie belde net. Beau is geduwd? Waarom heb je mij dat niet eerder verteld? En jezus die Adam... Niet te geloven, wat een eikel...'

'Adam heeft het natuurlijk niet gedaan,' onderbrak ze hem. 'Dat begrijp je toch ook wel. En trouwens ik heb je wel honderd keer gebeld. Maar jij lag natuurlijk op je vriendin.'

Even was het stil, maar toen begon hij alles te ontkennen. Dat hij dat nooit zou doen. Waarom dacht ze dat? Hij hield alleen van haar. Hij was vannacht bij collega Felix blijven slapen.

Ze liet hem even gaan, maar toen ze Place des Lices opliep onderbrak ze hem weer. 'Hou op, Huug. Zo verlies ik nog meer respect.'

'Maar, ik...'

'Luister, ik loop op Des Lices. Ik ga hier niet staan gillen, maar het is klaar, Hugo. Geen leugens meer. Ik weet van je aankopen, dat terrein bij Pampelonne in de buurt, die steekpenningen, het kan me geen ruk schelen. En echt, al neuk je heel Saint-Tropez, mij laat het volkomen koud. Maar door jou lopen we gevaar. De bedreigingen, de achtervolgingen, Beau... Jezus Huug, je moet iets doen.'

'Wat?' Hugo gilde zo hard dat ze de telefoon op afstand hield. 'Denk je echt dat ik Beau in gevaar breng?'

Ze liep nu langs Café Sporting, maar ze herkende niemand op het terras. 'Niet jij persoonlijk. Maar de mensen die je chanteren.'

Nu bleef Hugo stil. Ze hoorde alleen zijn zware ademhaling.

'Huug?'

'Ik wilde je geen pijn doen.' Zijn stem trilde. 'Ik dacht, ik doe een keer iets. Dan heb ik ook wat geld en jij hoefde niets te merken. Maar toen gebeurde het vaker, en er waren foto's van mij, met haar... die niet voor jou...'

'Jezus, huil je nou?'

Ze hoorde hem slikken. 'Sorry. Ik eh...'

'Huug, wie zijn het?'

Hij zuchtte. 'Het is een zakenman. Die mij een half jaar geleden benaderde.'

'Wie dan, zomaar?'

'Die Jean Marie. Weet je wel van de golf?' Hugo haalde luidruchtig zijn neus op. 'Ik hoefde alleen voor hem vastgoed te kopen en op mijn naam te laten zetten. Stukken land, huizen... Die nam hij dan snel weer van mij over. Het leek zo makkelijk.'

'Jij gaat nu naar de politie.' Ze was zelf verrast door de kracht in haar stem. 'Meteen. Die vent is levensgevaarlijk.'

'Je hebt gelijk, dat ga ik doen. Echt.' Hij slikte weer. 'Maar denk je dat hij Beau...? Waarom dan?'

'Weet ik veel!' riep ze nu toch harder dan ze wilde. Het zweet liep inmiddels over haar rug. 'Ík ken hem niet. Misschien was hij niet tevreden met wat je hebt gedaan?'

'Je hebt gelijk,' mompelde hij opnieuw. 'Ik ga naar de politie. Dit moet nu stoppen.'

'Precies.' Ze stak Avenue Foch over. 'Ik ben bijna thuis. Geen idee waar jij bent, maar binnen tien minuten zit je op het bureau.'

'Ga ik doen. Hopelijk pakken ze hem dan snel op.' Hugo kuchte. 'Maar ik denk dat ik dan ook...'

'Dat denk ik ook. Ze zullen je niet laten gaan.' Ze liep nu hun straat in. 'Ik ga over vijf minuten samen met Lou naar Beau. Daar horen we dan de nieuwe uitslagen. Ze schijnt een verrassend goede nacht te hebben gehad. En dan kom ik wel naar het bureau. Kunnen we het samen bespreken.'

'Wil je dat doen?'

Zijn stem klonk zo breekbaar dat ze toch ook medelijden voelde. Hoe stom, onnadenkend en uiteindelijk gevaarlijk zijn acties ook waren geweest, de extreme gevolgen had hij ook nooit gewild. 'Je blijft de vader van mijn dochters,' zei ze toen ze voor hun huis stond. 'Dat verandert nooit.'

Ze hoorde dat hij nu echt huilde. 'Ik hou zoveel van ze, Syl. En van jou. Nog steeds.'

'Dag Hugo.'

Sylvie keek opzij. Haar stoere, dwarse dochter zat volledig *in control* achter het stuur, met haar donkere ogen strak op de weg gericht, maar haar blote armen lagen ontspannen aan het stuur. Vol tattoos, dat dan weer wel.

Sylvie glimlachte. Geen verwijten vanochtend, of gedoe met Patrick. Lilou stond gewoon klaar om te vertrekken, en had zelfs een verse koffie speciaal voor haar gemaakt. Wanneer was Lilou zo praktisch geworden? Of had ze het al die tijd bij haar eigen dochter gewoon niet gezien?

'Je moet verloskundige worden,' zei Sylvie toen ze bij Toulon de A50 op reden. Dat was rond deze tijd de snelste route.

'Serieus? Omdat ik zo goed met baby's ben?' Lilou lachte hardop. 'Ik heb er volgens mij nog nooit een vastgehouden.'

'Nee, omdat je zo stressbestendig bent.'

Lilou keek haar even aan. 'Meen je dat?'

'Je functioneert het beste onder spanning. Je blijft helder nadenken en je neemt op een natuurlijke manier de leiding. Dus ja, ik meen het.'

'Ik vind sieraden maken echt heel leuk.'

Sylvie knikte. 'Dat weet ik. En dat kan je ook heel goed. Maar misschien voor later.'

'Misschien ja.'

Ze zaten nu bijna een uur in de auto en Sylvie popelde

om haar dochter het nieuwtje over haar moeder te vertellen, maar ze wist dat ze echt eerst over Hugo moest beginnen. Ze hadden net vooral naar muziek geluisterd en een beetje over Beau gepraat. Ze had uitgelegd wat de politie had verteld over de duw. Maar dat Adam vastzat voor verhoor had ze nog maar even verzwegen.

'Zeg luister Lou, ik...' begon ze, maar ze kon de juiste, genuanceerde woorden nog steeds niet vinden en staarde naar buiten. In de verte was net de glinstering van de Middellandse Zee te zien. 'Ik moet je nog iets zeggen, wat moeilijker is dan dat van Beau...'

'Gaat dit over pap?' onderbrak Lilou haar. 'Ik weet al van die fraude hè.'

'Ik denk niet dat hij het zo heeft bedoeld.'

Lilou zuchtte. 'Mam, hou nou eens op met hem te verdedigen. Ik ben al drieëntwintig.'

'In dit geval pás drieëntwintig,' antwoordde Sylvie. 'Kijk, het leven is gecompliceerd. Als je jong bent is het soms nog zwart of wit. Maar mensen maken fouten. Soms met onvoorziene, maar vergaande gevolgen. Je vader zoekt zijn hele leven al erkenning. Hij had het vroeger zelf ook niet makkelijk, met een dominante vader die hem zelfs zwijgend nog veroordeelde en voor wie hij het nooit goed kon doen. Jij hebt je grootvader nooit gekend, maar het was een nare, gefrustreerde man. Zijn vader was een collaborateur in de Vichy-regering en als kind werd hij door zijn dorp verstoten. Zo gaan die lijnen van pijn en trauma's door hele generaties heen.'

Ze zweeg, maar Lilou reageerde niet. Even was Sylvie bang dat ze toch te veel had gezegd, maar toen draaide haar dochter zich naar haar toe. 'Ik weet trouwens ook van die vriendin.'

Sylvie trok haar wenkbrauwen op. 'Hè?'

'Het was zo *obvious*. Hoe wist jij het niet?'

Die vraag voelde als een stomp in haar buik en Sylvie keek snel naar buiten. De zon stond hoog en de lucht zinderde boven de weg. Meer dan dertig jaar geleden was ze hier gekomen om stage te lopen bij Alain Ducasse in Monaco, maar ook om, hoe cliché ook, iets van zichzelf te zoeken. Ze wist zo weinig over haar ouders, alleen dat ze hier een tijdje samen waren geweest. En in ieder geval gelukkig genoeg waren om haar te krijgen. Zuid-Frankrijk voelde vanaf het begin meer als thuis dan Lochem.

'Je hebt gelijk.' Ze zuchtte. 'Ergens wist ik het wel, maar het niet weten kwam me beter uit.'

'Jezus mam, waarom zou je dat nou in godsnaam doen? We merkten ook heus wel dat het niet lekker liep. *To say the least*.'

Sylvie glimlachte. 'Ik denk dat dat iets is wat je pas begrijpt als je zelf kinderen hebt. Toen ik papa in Monaco ontmoette, was ik op slag verliefd. Hij was zo gezellig en relaxed. Bij hem leek het leven heel makkelijk. Maar heel eerlijk gezegd... was hij ook simpelweg de juiste man, op de juiste plek. Hij gaf me de mogelijkheid hier in Zuid-Frankrijk te blijven.'

'Nou, dat is inderdaad ineens wel héél eerlijk.'

Sylvie keek naar haar dochter en zag dat haar ogen waterig waren. Ze legde meteen een hand op haar arm. 'Sorry schat, dat was heel onnadenkend van me.'

'Nogal ja.' Lilou boog naar de radio en draaide het volume hoger. Stromae kwam nu van vier kanten op hen af. '*Alors on dance*,' zong Lilou heel hard mee.

Sylvie begon mee te zingen. Ze kon nu niet ook nog vertellen dat Hugo op dit moment op het bureau zat om uit te leggen dat hij werd gechanteerd, dat ene Jean Marie zijn familie nu bedreigde en misschien zelfs wel zijn dochter voor de metro had gegooid.

'*Alors on dance, la-la-la...*' Even leek dat het beste advies dat ze elkaar konden geven. Blijven dansen, wat er ook gebeurt.

Pas toen ze een half uur later de afslag bij het Hippodrome namen, draaide Sylvie de muziek zachter. 'Ik heb ook nog een leuk nieuwtje.'

'Weet je het zeker? Is dat wel gepast?'

Sylvie gaf haar dochter een stootje tegen haar schouder. 'Haha, grappig hoor.'

Net toen ze over haar eigen moeder wilde beginnen zag ze in haar zijspiegel de zwarte Toyota achter hen ook afslaan. Hij was haar al eerder opgevallen en leek de hele tijd bij hen in de buurt te rijden.

'Ga aan het eind naar rechts,' zei ze dwingend tegen Lilou.

'Hè? Nee, ik moet hier naar links.'

'Lou, doe wat ik zeg.'

Haar dochter wees naar haar telefoon. 'Maar Google Maps...'

'Nu, naar rechts.' Sylvie gaf een ruk aan het stuur. 'En dan meteen links.'

'What the fuck, mam? Doe normaal!' riep Lilou maar ze draaide snel twee korte bochten achter elkaar.

In de achteruitkijkspiegel kon Sylvie de zwarte Toyota niet meer zien. Ze keek over haar schouder, links, rechts, nog een keer naar links – niets meer. Achter hen reed nu alleen nog een rode Mustang die af en toe ronkend gas bij gaf.

Sylvie zakte terug in haar stoel. 'Gelukkig.'

'Wat was dit?'

Sylvies gedachten raceten door elkaar. Ze kon niet alles tegen Lilou zeggen, niet nu. 'Ik dacht even dat die chauffeur boos op je reageerde, omdat je hem afsneed.'

'Wat?' Lilou sloeg met haar hand op het stuur. 'Ik sneed niemand af. En wat jij deed was in ieder geval duizend keer gevaarlijker.'

Sylvie knikte. 'Sorry.'

'Zeker ook weer "onnadenkend" van je.'

Sylvie schoot in de lach, waarschijnlijk door de zenuwen. 'Touché. Ik ben inderdaad nogal gestrest, lieverd. Sorry, het is ook allemaal heel veel.'

Lilou keek even opzij en Sylvie zag weer die zachte blik in haar ogen. 'Nou, vertel dan maar dat leuke.'

Meteen begon Sylvie over Le Club 55, de zomer van 1968

en dat haar moeder daar had gewerkt als serveerster. 'Ze was best cool denk ik, deed ook iets in de styling.'

'Echt?' Lilou ging rechterop zitten. 'Hoe gaaf is dit!'

'Wat een toeval hè.'

Lilou schudde lachend haar hoofd. 'Niet te geloven. Ik loop dus over hetzelfde zand als mijn grootmoeder. Zit misschien nog wel op dezelfde stoel zelfs. Djezus mam, dit is echt heel erg vet. Hoe weet je dit?'

'Ze schijnt in een boek voor te komen. Over Bernard de Colmont, de eerste eigenaar.'

'Heet die zo?' vroeg Lilou. 'Dan zal Patrice wel familie zijn. Hij is nu de eigenaar. Nou ja, meer de manager, want iemand anders heeft het net gekocht. Maar dit is echt bijzonder, dan moet je helemaal snel eens komen kijken.'

Ze keek haar dochter verbaasd aan. 'Weet je het zeker?'

'Natuurlijk.' Lilou stopte nog net op tijd voor het rood. 'Je weet al zo weinig over je moeder. Hoe fijn is het om dan letterlijk in haar voetsporen te stappen.'

Terwijl ze wachtten voor het stoplicht wist Sylvie ineens dat ze oké was, wat er ook nog allemaal stond te gebeuren, als het maar goed kwam met haar dochters. Het waren de leukste mensen om oud mee te worden. En tot hun beider verrassing boog ze zich voorover en gaf Lilou een knuffel. 'Ik hou van je,' fluisterde ze.

Ze bleven voor de dichte deur staan.

'Kamer 312 zeiden ze toch?' Sylvie had het nummer prima onthouden, maar kon bijna niet geloven dat het klopte. 'Medium care is toch een goed teken?'

Lilou sloeg een arm om haar heen. 'Ja, echt een heel goed teken. Nou kom op, doe die deur open.'

Heel langzaam schoof Sylvie de deur opzij en bleef op de drempel staan. Daar was ze, nog steeds met slangen die overal aan haar lijf hingen, maar wel rechtop. Bleek, onder de krassen en toch stralend.

'O lieverd.' Sylvie sloeg beide handen voor haar mond. Van schrik, opluchting, maar vooral blijdschap. 'Lieve Beau.'

Ze liep naar het bed terwijl Lilou achter haar langs schoot naar de andere kant. Allebei tegelijk begonnen ze te huilen.

'Wat nou?' Beau keek hen verschrikt aan. 'Ik ben oké.'

Lilou pakte Beau's hand. 'Daarom juist.'

'We zijn blij.' Sylvie gaf een kus op haar voorhoofd. 'We waren zo geschrokken.'

'Ik ook,' fluisterde Beau en ze begon ook zachtjes te huilen.

'Kijk nou,' snikte Lilou. 'Wat een stelletje emo-wijven.'

Beau lachte door haar tranen heen. 'Ik huil al de hele dag.'

Met horten en stoten vertelde Beau over vanochtend vroeg, toen ze ineens mensen om haar heen hoorde praten. En dat iedereen in de stress schoot toen ze haar ogen opende. 'Best grappig, alsof ze een zombie zagen.'

Dat ze daarna allemaal testjes deden die ze als student ook weleens had geoefend. En dat alles er wonderbaarlijk goed uitzag.

'Alleen dit been, hè.' Ze wees naar haar linkerbeen dat nog op een verhoging lag. 'Totaal verbrijzeld. En nauwelijks gevoel.'

'Dat vertelde de dokter al.' Sylvie streelde haar hand. 'Maar dat gevoel kan nog terugkomen toch?'

Beau knikte. 'Ik zal moeten revalideren. De bloeding in mijn hoofd was rechts, dan is uitval op links te verwachten.'

'Gelukkig ben je hier in goede handen,' zei Sylvie.

'En zulke knappe dokters. Dat had je ook weleens eerder mogen zeggen.' Lilou boog zich naar haar zus. 'Trouwens, als het niet gaat lukken met dat been, dan kopen we gewoon zo'n Biro voor je.'

'Dan kan ik lekker overal parkeren,' zei Beau lachend, maar Sylvie zag het verdriet in haar ogen.

Lilou viel het duidelijk ook op en ze begon snel te vertellen over het bizarre toeval van Le Club 55, dat hun grootmoeder daar had gewerkt.

Beau leek gelukkig afgeleid en begon meteen vragen te stellen. Of hun opa echt uit Algerije kwam? Wat hij dan in Frankrijk deed?

'En waarom is onze oma naar Parijs gegaan?' vulde Lilou haar aan. 'Dat is toch best bijzonder, voor een meisje uit Lochem? Zeker in die tijd!'

Sylvie probeerde te antwoorden maar realiseerde zich opnieuw dat ze maar weinig over hen wist. 'Het was een roerige tijd, zeker die zomer van 1968,' zei ze aarzelend. 'Mijn grootvader heeft weleens gezegd dat zijn dochter een romantische geest had en droomde van een wild en meeslepend leven.'

'Nou, dan heb ik dat duidelijk niet van een vreemde,' zei Lilou triomfantelijk. 'Het is genetisch, ik kan er gewoon niets aan doen.'

Beau grinnikte. 'Dan moet onze opa wel heel serieus zijn geweest, waar heb ik het anders vandaan?'

Ze schoten allebei in de lach. Sylvie besefte ineens hoelang het geleden was dat ze zo ontspannen met zijn drietjes samen hadden gezeten. Het was bizar dat dit met Beau had moeten gebeuren om dat weer voor elkaar te krijgen. Ze kletsten nog wat over de verschillen en overeenkomsten als tweeling en Sylvie genoot zo van het moment dat ze het eigenlijk niet wilde verpesten met de vraag die al een tijd door haar hoofd speelde. Maar ze had geen bewaking bij de deur gezien en ze wilde weten waar die was gebleven. Want totdat die Jean Marie was opgepakt, waren ze nog steeds niet veilig.

'Mam? Mam!' zei Lilou ineens best hard. 'Waar ben je met je gedachten?'

Sylvie keek op. 'Sorry, vroeg je iets?'

'Ja, al een paar keer,' zei haar dochter nu zachter. 'We wilden weten hoe je moeder heette.'

Sylvie keek haar verbaasd aan. 'Weten jullie dat niet?'

Ze vertelde over Malou Meekes, die, al was ze getrouwd, alleen met haar meisjesnaam op haar grafsteen stond. 'Ik weet eigenlijk ook niet waarom.'

Lilou keek haar met haar onderzoekende blik aan. 'Waarom vertelden opa en oma zo weinig over je moeder?'

'Ik denk dat het allemaal te pijnlijk voor ze was. En...'

'Stoor ik?' Het grote blije hoofd van Adam verscheen om de deur. 'O jee, allemaal vrouwen. Ik ga weer.'

Beau wierp hem een stralende blik toe. 'Nee, kom binnen.'

'Goed dan.' Gekleed in zijn blauwe dokterstenue stapte Adam de kamer in. 'Ik blijf maar even hoor.'

'Blijf zolang je wilt,' zei Lilou en stond direct op. 'Hier, ga zitten.'

Sylvie volgde Adams bewegingen. Hij zag er kalm uit en leek totaal onaangedaan door wat er zich die ochtend ongetwijfeld op het bureau had afgespeeld. Het liefst wilde ze zelf vragen: wat doe je hier? Waarom heeft de politie je zo snel weer laten gaan? Hebben ze een andere verdachte? Maar ze wist niet wat Beau al had gehoord en wilde haar niet onnodig van streek maken.

'Wat ziet ze er alweer florissant uit hè.' Adam ging naast haar dochter zitten. 'Ik heb vanochtend meegekeken met de uitslagen en die zijn ook allemaal wonderbaarlijk goed.'

Beau knikte en haar wangen werden een beetje rood. 'Het ziet ernaar uit dat ik normaal blijf.'

'Normaal?' Adam grinnikte en hield zijn ogen strak op haar gericht. 'Dat is dan voor het eerst. Ik heb je nog geen dag normaal meegemaakt.'

En ineens zag Sylvie het. Die twee hielden van elkaar, anders dan gewoon goede vrienden. Die oogopslag, die kleine reacties in hun gezicht. Zouden ze het zelf doorhebben? Stiekem hoopte ze van wel of dat ze elkaar anders toch snel zouden vinden.

'En wat zei die agent?' vroeg Beau ineens.

Adam schraapte zijn keel. 'Ze gaan nog eens de camerabeelden bekijken, en extra letten op die oude vrouw waar je het over had. Die zo dicht bij je op het perron stond.'

'Wacht even,' zei Sylvie en stak haar handen in de lucht. 'Waar gaat dit over?'

Lilou pakte de bedrand vast. 'Dat wil ik ook graag weten. Welke agent? Welke oude vrouw?'

In een paar zinnen, elkaar continu aanvullend, vertelden Adam en Beau dat Adam die ochtend al snel was vrijgelaten en onmiddellijk naar het ziekenhuis was gegaan toen hij hoorde dat Beau wakker was geworden. Ze had hem direct verteld over een oude vrouw die haar mogelijk had geduwd.

Adam aaide kort Beau's schouder. 'Zo scherp van je. Ik heb het toen meteen aan de agent hier doorgegeven.'

'Een gedrongen, kleine vrouw, die ik met tassen had geholpen,' vulde Beau aan. 'Naar haar gaan ze dus nu op zoek.'

‘Waarom lieten ze je dan vanochtend zo snel gaan?’ vroeg Sylvie en ze zag dat Lilou haar met samengeknepen ogen aankeek.

‘Ze hadden op camerabeelden gezien dat ik op de tijd van het ongeluk nog bovenaan de roltrap stond.’ Adam glimlachte naar Beau. ‘En pas daarna je kon komen helpen.’

‘Die beelden hadden ze dan ook wel eerder mogen bekijken,’ besloot Sylvie.

Adam haalde zijn schouders op. ‘Ach, de politie doet ook maar zijn werk.’

‘Wacht even hoor. Adam is dus verdachte geweest?’ vroeg Lilou en bleef Sylvie aanstaren. ‘En jij vond het niet nodig dit te vertellen?’

‘Het was overduidelijk de grootste onzin,’ probeerde Sylvie het uit te leggen. ‘En je had al zoveel om mee te dealen.’ Maar ze zag meteen al dat Lilou dat niet accepteerde.

‘Mam, wanneer dringt het nou toch eens tot je door?’ Lilou stampte hard op de vloer. ‘Je hoeft ons niet meer te beschermen. We weten nu echt wel dat het leven een grote shitshow is…’

‘Please,’ klonk ineens Beau’s stem zachtjes. ‘Niet nu.’

Meteen viel het stil en beiden keken ze schuldbewust naar Beau, die haar ogen dicht had.

‘Sorry,’ fluisterde Lilou. ‘Sorry lieve Beau, sorry.’

Ze zwegen allemaal maar toch voelde het alsof in de kamer vier stemmen door elkaar schreeuwden. Om aandacht, uitleg, liefde en begrip. Ineens ging Adam staan.

'Het is beter om Beau nu weer alleen te laten. Ze heeft nog een lange weg te gaan.'

Voor iedereen was het duidelijk dat dit kalme verzoek eigenlijk een zeer dringend bevel was en één voor één namen ze afscheid van Beau.

'We komen morgen weer,' zei Lilou met een voorzichtige glimlach. 'En dan wil ik dat je een date voor me hebt geregeld met zo'n woest aantrekkelijke dokter.'

Beau glimlachte, maar hield haar ogen gesloten.

Sylvie was de laatste en kuste haar dochters voorhoofd. 'Lieverd, we hebben geen weet van wat je allemaal doormaakt. Maar ik zie hoe stoer je bent. En hoe ongelofelijk dapper.'

Beau knikte en er rolde een traan uit haar ooghoek. Sylvie depte hem voorzichtig droog. '*Je t'aime ma chérie.*'

Als een havik hield Adam alles in de gaten en zachtjes duwde hij Lilou naar de deur. Sylvie volgde gedwee. Op de gang vroeg Sylvie meteen waar de agenten gebleven waren.

'In de kamer van het verplegend personeel, aan het begin van de gang.' Hij gebaarde met zijn hoofd. 'En daartegenover zit iemand op jou te wachten. Die mocht er van die agenten niet door.'

'Voor mij? Zit die er de hele tijd al?'

'Hij kwam tegelijk met mij aan. Een aardige vent lijkt me.'

'Waarom zei je dat niet eerder?' vroeg Lilou. 'Wat wil hij, mam?'

‘Geen idee,’ zei Sylvie terwijl ze naar de wachtkamer liep. Direct zag ze de lange figuur die zich op een plastic stoeltje had gevouwen. ‘Xavi? Wat doe jij hier?’

‘Niet schrikken.’ Hij sprong op en glimlachte breed. ‘Ik wilde je graag weer iets laten zien en kom je halen.’

‘Maar ik ben hier met mijn dochter,’ zei Sylvie. ‘Dit is Lilou.’ Ze draaide zich om. ‘Xavi werkt voor *Le Monde* en helpt me met wat dingen uitzoeken.’

Lilou keek haar met hoog opgetrokken wenkbrauwen aan, maar zei toch meteen dat het geen probleem was en dat zij de auto terug kon rijden.

‘Lou, wil je dat ik met je meega?’ vroeg Adam.

‘Nee joh, je bent aan het werk.’ Lou trok plagend aan zijn blauwe pak. ‘En ik moet ook weer aan de slag. De winkel kan niet de hele middag dicht blijven.’

‘Zeker weten?’ vroeg Sylvie en toen haar dochter knikte, keek ze naar Adam. ‘En jij blijft hier bij Beau in de buurt? Als er iets...’

‘Syl, luister.’ Adam sloeg een arm om haar heen. ‘Er zal niets zijn, maar ik hou haar in de gaten. Ze moet nu vooral veel slapen.’

Ze namen afscheid, en terwijl Sylvie met Xavi naar zijn auto liep, voelde ze een vreemde spanning opkomen. Alsof ze op het punt stond een nieuw gerecht uit te proberen, terwijl een vol restaurant al op haar zat te wachten. Het kon goed uitpakken of helemaal misgaan.

Saint-Tropez, 3 juni 1969

Lieve vader en moeder,
Hoe is het met jullie? Staan de koeien al in de wei? Hier gaat het erg goed. De meimaand is warmer geweest dan vorig jaar en de voorbereidingen voor het zomerseizoen zijn in volle gang. De laatste examens van dit studiejaar zijn bijna afgerond.

Malou zat aan de kleine, wiebelende keukentafel en las de eerste regels van de brief hardop voor. Niet dat iemand meeluisterde, maar zo hoorde ze tenminste nog eens een stem van een volwassene om zich heen, al was ze het zelf.

Alleen al in deze paar regels stonden zoveel leugens dat ze zich er nu al voor schaamde. Ja, het was een mooie meimaand geweest en Alain was inderdaad alweer druk aan het werk bij het visrestaurant van Pierre waar hij vandaag de afvoer aan het herstellen was. Maar vlak voor de geboorte van de baby had ze zich uitgeschreven als filosofiestudent, dus ze had al maanden geen examens meer gehad. Bovendien ging het eigenlijk helemaal niet zo goed.

Ze keek de smalle keuken rond. Een tweepits gasfornuis, drie open kasten, een gammele kraan die ze al een keer uit de muur had getrokken en een soort houten koelkast waar ze blokken ijs – die ze bij de slager op de hoek haalde – in kon leggen waardoor de kaas en de melk niet bedierven. Meer was het niet.

Ze depte haar nek met een keukendoek. Het was zo warm dat het zwakke briesje uit het kleine bovenraampje geen greintje verlichting gaf. Natuurlijk waren ze blij geweest toen dit tweekamerappartementje boven het huis van Pierre en zijn vrouw Janique vrijkwam. Ze hadden nu eindelijk een aparte slaapkamer, maar sinds de komst van de baby was Malou nauwelijks meer buiten geweest. Een keertje naar Le Club 55, dat was het. Inmiddels kwamen de muren op haar af.

Opnieuw klonk zacht gehuil uit de kamer ernaast en Malou wist dat ze het niet langer kon negeren. Snel nam ze nog een paar slokken water, liet de onafgemaakte brief op tafel liggen en liep naar het wiegje. De baby had het lakentje los getrappeld en was rood aangelopen van het huilen. Moest ze nou een schone luier? Of had ze alweer honger?

Zelfs na drie maanden wist Malou nog steeds niet goed wat de kleine nodig had. Terwijl ze de baby oppakte, voelde ze weer die steek van schuld. Het verfrommelde gezichtje leek dat van een vreemde. Waar bleven die roze wolk en hysterische moedergevoelens?

Malou ging in de schommelstoel zitten, knoopte haar blouse open en legde de kleine aan. Meteen begon de baby gulzig te drinken. Dus toch honger.

Heen en weer wippend in haar stoel keek ze naar het kleine dressoir dat ze als enige meubilair zelf hadden gekocht. De rest van de spullen stond hier al en ze hadden geen geld om die te vervangen. Het dressoir hadden ze voor weinig op de kop getikt en Alain had meteen hun trouwfoto erbovenop gezet.

Ze had die dag een gele jurk aangehad, die op het laatst nog rond de taille uitgelegd moest worden omdat de baby te snel was gegroeid. Niemand van Alains familie was gekomen en haar ouders had ze het nooit verteld, al had ze tegen Alain gelogen dat ze niet weg konden van de boerderij. Odile was wel uit Parijs gekomen en ze hadden na het stadhuis met een paar vrienden geluncht. Al met al was het best een leuke dag geweest, vooral omdat ze zich voor het eerst niet zo misselijk had gevoeld.

'Au!' De baby zoog ineens zo hard dat er steken door haar borst schoten. Ze beet op haar tanden. 'Nee please,' siste ze. 'Niet weer een borstontsteking.'

Om zichzelf af te leiden tuurde ze opnieuw naar het dressoir, naar het geheime laatje onder de trouwfoto. Alain had het nog niet ontdekt en het kleine sleuteltje lag tussen haar beha's. Als ze alleen was, stopte ze af en toe wat van haar salaris in het laatje. Ze moest zeker 400 francs sparen, dan kon ze terug naar Lochem. Maar sinds kerst had ze niet meer kunnen werken en ze had nog lang niet genoeg. Onder het geld lag een brief die ze aan Mo had geschreven, maar nooit had durven versturen. Of eigenlijk, nooit had kunnen versturen, ze wist niet eens of hij nog in New York woonde.

Plotseling liet de kleine los, en een straaltje melk liep

over haar borst. In plaats van in slaap te vallen, keek het meisje haar nu recht aan. En ineens zag Malou het: die donkere ogen, dat was Alain. Ze glimlachte en met grote ogen glimlachte haar dochter breed terug. Ze maakte een smakkend geluidje en pakte Malou's vinger.

Dit kleintje was eigenlijk heel tevreden, precies zoals Alain al de hele tijd beweerde. Waarom had ze dat niet eerder gezien? Haar wangen begonnen te gloeien en de pijn uit haar borsten zakte weg. Langzaam boog Malou zich voorover en kuste voorzichtig haar dochters voorhoofd.

'Dag lieve Sylvie.' Ze rook de zeep in haar blonde donshaartjes. 'Dag lief, mooi mensje.'

'Malou?' Een bonk op de deur, en direct daarna nog een. 'Malou, ben je daar? Doe alsjeblieft snel open.'

'Ik kom,' riep Malou terug en stond meteen op. Dit moest Janique zijn. Snel knoopte ze haar blouse dicht, legde de baby over haar schouder en zachtjes kloppend op het ruggetje liep ze naar de deur.

'Vanwaar die haast?' vroeg Malou toen ze deur opende. 'Is er brand?'

'Haha, grappig.' Janique stond recht voor haar met een kind op de arm, de ander hing pruilend aan haar rok. 'Alain belde. Hij is er over vijftien minuten. Jullie moeten naar Marseille.'

'Nu? Hoezo?'

Janique haalde haar schouders op. 'Dat zei hij niet, maar je moest je haasten. Hij rijdt zo voor.'

'Maar Sylvie dan?' vroeg Malou en voelde een boertje bij haar dochter opkomen. 'Kan zij wel mee?'

'Alain vroeg of ik even op haar wilde passen.'

Malou schudde haar hoofd. 'Nee dat wil ik je niet vragen, je hebt het al zo druk.'

'Eentje meer of minder.' Janique haalde haar schouders op. 'Dat maakt toch niets uit.'

Malou bedankte haar, en draaide zich meteen om zodat ze snel de spullen van de kleine kon verzamelen. Ze wilde opschieten, Alain hield niet van wachten. Gelukkig had ze vanochtend nog gekolfd en kon ze ook een flesje meegeven.

Voorzichtig legde ze Sylvietje terug in haar draagmand en ging toch nog even aan de keukentafel zitten. Ze verfrommelde de eerste brief, gooide de prop weg en pakte een nieuw blaadje.

Lieve vader en moeder. Ik heb bijzonder nieuws. Op 1 maart zijn jullie grootouders geworden van de allerliefste, mooiste baby Sylvie Said-Meekes. Ik weet dat ik veel heb uit te leggen en daarom kom ik deze zomer snel met Sylvietje jullie kant op. Vergeet niet dat ik zielsveel van jullie hou, jullie allerliefste Malou.

Ze pakte een enveloppe, schreef het adres in Lochem erop, plakte de postzegel en legde hem alvast klaar op het dressoir. Dan kon ze hem vanavond laat nog posten, nadat ze terug waren gekomen uit Marseille.

Net toen ze de draagmand wilde oppakken, hoorde ze Alain beneden toeteren en snel graaide ze naar de rest van de spullen. Met een klap liet ze de deur van het appartement achter zich dichtvallen en ze glimlachte geruststellend naar Sylvie. 'Alles komt goed, schatje. Mama is zo weer terug.'

Terwijl Malou op de deur van de onderburen klopte, gaf haar dochter haar de allerliefste glimlach terug die ze ooit had gezien.

'Ik hou van je, kleintje,' fluisterde ze en gaf de mand over aan Janique. 'Pas goed op haar.'

2022

Terwijl ze met een stevige vaart over de snelweg reden vertelde Sylvie aan Xavi over Beau's vooruitgang, dat Adam was vrijgepleit en over de mogelijke andere verdachte. Toch wist Sylvie dat er een belangrijker onderwerp te bespreken was. Anders was Xavi niet in vliegende vaart helemaal naar Marseille gereden.

'Hoe ging het bij de politie?' begon ze daarom. 'Wat zeiden ze?'

Hij antwoordde niet maar wees naar zijn telefoon in de houder. 'Laten we die eerst buiten bereik leggen.' Xavi klikte zijn telefoon eruit, terwijl Sylvie die van haar uit haar tas pakte. Hij reikte naar achter, gooide ze met een boogje in de achterbak en draaide de radio harder.

'Beter als niemand meeluistert,' zei Xavi en legde uit dat hij melding had gemaakt van wat hij had gezien in de shoarmatent. Hij trommelde met zijn vingers op het stuur. 'Dat was niet makkelijk.'

'Vertel.'

'Die arme jongen, zo koelbloedig vermoord.' Xavi depte het zweet van zijn voorhoofd. 'Het was nogal bloederig. Het mes zat nog recht in zijn borst.'

'Wat?' Sylvie wist meteen waarom hij het niet eerder had verteld. Als zij die jongen zo had gezien had ze het beeld nooit meer uit haar hoofd kunnen krijgen. 'Bizar ook, zo midden op de dag.'

Hij knikte. 'De politie leek alleen niet zo verbaasd. Ze noemden het meteen een afrekening in het criminele circuit. Er zou een oorlog zijn tussen drugsbendes.'

'Dus je denkt niet dat hij is vermoord omdat hij met ons praatte?' vroeg ze enigszins opgelucht. 'Ik bedoel, dat ze hem misschien bedreigden om meer over onze bestemming te horen te krijgen?'

Xavi hield zijn hoofd schuin. 'Het schoot ook door mijn hoofd, maar nee, zo wreed lijkt dit netwerk toch niet te opereren. Bovendien, dat joch was echt een fixer voor bendes.'

'En daarom kende jij hem?' Sylvie glimlachte. 'Dat pleit niet voor je.'

Xavi lachte mee. 'Maar het was efficiënt.'

'Dat bleek.' Ze zette de airco wat kouder. Op een bepaalde manier kreeg ze het bij Xavi in de buurt vaak ineens heel warm. 'Heb je toevallig ook gehoord of Hugo zich op het bureau had gemeld?'

'Niet gehoord, maar ook niet naar gevraagd. Zou hij zichzelf aangeven?'

Sylvie vertelde wat haar man had bekend en wat ze met hem had afgesproken. Nu liet ze wel doorschemeren dat hij een affaire had, maar ze benoemde het niet te expliciet. Ze wilde het nu niet nog eens over zijn bedrog hebben. 'Ik hoop maar dat hij daar nu zit om zijn verhaal te vertellen. Dan kan hopelijk daarna snel die Jean Marie worden opgepakt.'

'Zeker, maar ik hoop vooral dat dan ook meer van het gehele netwerk duidelijk wordt.'

Xavi remde af om tol te betalen en trok daarna ineens zo hard op dat ze in haar stoel werd gedrukt.

'Is dit wel je eigen auto?' vroeg ze geschrokken.

'Absoluut.' Hij keek in zijn achteruitkijkspiegel. 'Maar een auto reed net te dicht op ons en ik wilde wat meer afstand creëren.'

'Een zwarte Toyota?'

Xavi draaide zijn hoofd naar haar toe. 'Heb jij die ook gezien?'

'Net vlak bij het ziekenhuis, maar ik dacht dat ik hem had afgeschud.'

'Nu in ieder geval wel.'

Sylvie zag in de zijspiegel dat de weg achter hen inderdaad leeg was.

'Irritant,' zei ze alleen en ze was zelf verrast dat ergernis inderdaad de enige emotie was die ze voelde. 'Maar wat wilde je me laten zien?'

'We zijn er bijna.' Hij wees naar de komende afslag bij Les Mayons. 'Ik heb nog iets over je ouders, er zit me toch nog iets dwars. Ze zijn toch omgekomen bij een auto-ongeluk?'

De vraag kwam zo plotseling, dat Sylvie zich meteen misselijk voelde. Niemand had ooit die vraag zo direct aan haar gesteld. 'Dat klopt,' zei ze zachtjes.

'Ik begrijp dat het lastig voor je is, maar kun je me er toch iets meer over vertellen?'

Ze slikte het weeë gevoel dat in haar opkwam weg. Ze kon er niet haar hele leven omheen blijven draaien. 'Ik was net geboren,' begon ze en keek ondertussen naar buiten. Ze kon het medelijden in Xavi's ogen niet aan. 'Ze waren voor het eerst sinds tijden een avondje uit en ik bleef als baby bij de buren logeren. Ik heb begrepen dat mijn moeder reed en zich op een smalle weg heeft verstuurd.' Sylvie slikte weer. 'Ze reden het ravijn in. Allebei op slag dood.'

Xavi keek even opzij en legde zijn hand op haar schouder. 'Verschrikkelijk.'

'Mijn grootouders wisten niet eens dat ik bestond,' praatte ze snel verder, alsof ze zo voor haar emoties uit kon lopen. 'Maar mijn moeder had ze toevallig net een brief geschreven die nog op tafel lag. Zo vond de Franse politie het adres van mijn grootouders, en hebben ze me bij hen in Lochem afgeleverd.'

'En je Algerijnse grootouders?'

Nu vulden haar ogen zich toch met tranen. 'Die hebben zich nooit gemeld.'

'Niet te geloven.' Xavi wreef over haar arm. 'Wat een verdriet.'

'Soms nog steeds, ja.'

Xavi liet haar los, schakelde terug en draaide rustig de snelweg af. 'Heb je nog enig aandenken aan ze?'

'Een foto, van hun huwelijk. Die staat ook op mijn telefoon.' Ze lachte door haar tranen heen. 'Maar die ligt nu buiten bereik.'

Ze reden een tijdje zwijgend over de smalle D75 door de beboste heuvels en wijnvelden, richting het vestingstadje Les Mayons dat in de verte hoog op een berg lag.

'Het meest pijnlijke is nog dat er discussie was in de familie,' begon ze ineens, bijna tot haar eigen verrassing. 'Mijn grootvader geloofde niet dat zijn dochter zich zomaar had verstuurd. Volgens hem was ze juist een heel goede chauffeur. En ik heb dit eigenlijk nog nooit aan iemand verteld, maar hij dacht...'

'Je hoeft het niet te zeggen, ik begrijp het als...'

'Nee, ik wil het vertellen. Echt.' Ze haalde diep adem. 'Mijn grootvader dacht dat ze zelfmoord had gepleegd. Omdat ze zich schaamde voor mij. Zwanger worden voor het huwelijk was een doodzonde in hun christelijke gemeenschap.'

Xavi trommelde weer op zijn stuur. 'Poeh... Wat denk jij?'

'Lang geloofde ik mijn opa's verhaal. Ik had geen reden om te twijfelen. Totdat...' Ze balde haar handen tot vuisten. 'Totdat mijn tante me na zijn dood die brief gaf. Die had ze uit de prullenbak bij mijn grootouders gevist, toen mijn moeder was overleden. Daaruit bleek mijn moeder juist heel blij met mij te zijn geweest. Volgens mij had ze geen enkele reden om een ravijn in te rijden.'

1969

'Wat zie je eruit.' Alain stond al naast de kleine gele Renault 8 die hij een paar maanden geleden van de schroot had gehaald en zelf had opgeknapt. 'Had je geen jurk aan kunnen doen?'

Malou trok haar blouse recht en keek naar haar rode minirok. 'Ik had het vanochtend nogal druk.'

'Waarmee in godsnaam?' Hij liep voor de motorkap langs naar de passagiersstoel. 'Jij rijdt.'

'Waarom?'

'Dan kan ik op de kaart kijken. Van jouw richtingsgevoel moeten we het niet hebben.'

Malou wilde vragen waarom hij de laatste tijd zo onaardig deed, maar alles in Alain straalde uit dat dit geen goed moment was. Ze zette haar zonnebril op, gooide haar tas achterin en schoof achter het stuur. Terwijl ze haar stoel in de juiste stand zette, hoorde ze Alain al geïrriteerd zuchten.

'Waarom hebben we toch zo'n haast?' vroeg ze toen ze de auto startte. 'Wat gaan we doen?'

'Rij maar eerst de buurt uit, richting de snelweg, dan zoek ik ondertussen de route uit.'

Ze reed achteruit, draaide behendig om en liet de auto langzaam hun steile straat uitglijden. Op de boerderij had haar vader haar al jong veel laten rijden en daar was ze hem nu nog dankbaar voor. Ze had hier in het hectische verkeer veel profijt van die ervaring gehad. Nu reed ze rustig de stad uit en vlak voor een grote vrachtwagen langs, draaide ze snel de D93 op. In haar ooghoek zag ze dat Alain met een potlood grote lijnen op de kaart zette.

Hij zag er zelf erg netjes uit en had zelfs een schoon linnen overhemd aangedaan. Zou hij die standaard bij Pierre hebben hangen?

'Heb je Sylvie goed afgeleverd?' vroeg hij voorovergebogen over de kaart. 'En al haar spulletjes meegegeven?'

Malou knikte. 'Het was wel gek om haar achter te laten, zo voor het eerst.'

'Begrijp ik.' Alain keek op en even zag ze weer een glimp van zijn empathische kant. 'Maar Janique is een oermoeder, die kan haar wel aan.'

Meteen voelde Malou weer het indirecte verwijt dat zij geen goede moeder was. Die haar eigen dochter zelf niet goed aankon. 'Ze lachte vandaag zo lief,' zei ze daarom, bijna als een soort verdediging. 'En dronk zo rustig.'

'Nou mooi,' reageerde haar echtgenoot vaag. 'Zeg, als we hier zo meteen de eerste afslag nemen, dan kunnen we via de heuvels bij Ramatuelle en La Croix Valmer een fors stuk afsnijden, dat scheelt zeker een kwartier.'

'Maar is die weg niet recent beschadigd? Door vallende rotsen?'

Alain schudde zijn hoofd. 'Dat is allang gerepareerd.'

'Dat had ik nog niet gehoord.'

‘Waar had je dat ook moeten horen?’ Alain vouwde de kaart dubbel. ‘Je komt nergens meer.’

‘Dat lukt niet met Sylvie.’ Ze voelde haar ogen prikken. ‘Alain, het is zo zwaar… je hebt geen idee. Het voeden, het gehuil…’

‘Nou, maar goed dan dat je niet hoeft te werken. Dat doe ik wel hoor, na ook een slapeloze nacht.’

‘Doe alsjeblieft niet zo sarcastisch, ik zou ook wel willen…’

‘Wat? Wat wil je nou?’ Met twee handen sloeg Alain op het dashboard. ‘Regel ik het niet goed voor je? Alsof ik wel zo jong al een baby wilde hebben, alsof ik niet ook een ander leven had gepland. Maar word wakker Lou, dit is zoals het nu is. *C’est la vie.*’

Plots leek alle zuurstof uit de auto te zijn weggezogen en Malou hapte naar adem. Snel draaide ze een raampje open. De oncomfortabele woorden die ze ook al lang dacht, waren nu ineens uitgesproken en konden niet meer worden teruggenomen. Alain had Sylvie eigenlijk ook niet gewild.

Malou staarde zwijgend naar de stoffige weg en zette gedachteloos haar knipperlicht aan voor de afslag. Wat nu? Moest ze nu ook eerlijk zijn?

‘Sorry,’ zei Alain uiteindelijk pas toen ze het B-weggetje inreden. ‘Zo bedoelde ik het natuurlijk niet. Ik ben echt heel erg blij met ons gezin.’

Malou wist dat ze nu met een paar woorden alles definitief kapot kon maken, maar dat niemand daar iets mee opschoot. Zeker Sylvie niet.

'We zijn allebei moe,' reageerde ze daarom heel neutraal.

'Dat kun je wel zeggen.' Alain zuchtte. '*Alors*, even terug naar vandaag... Marseille dus.'

Terwijl ze via tientallen haarspeldbochten traag de berg op reden, legde Alain uit wat er vanochtend was gebeurd. Zijn neef had via via gehoord dat ze deze zomer bij Pierre werkten en had hem daar proberen te bereiken. 'Badr wil ons zo snel mogelijk spreken, maar omdat we dus zelf nog geen telefoon hebben, belde hij het restaurant.'

'O? Zei hij ook waarom?' Malou schakelde terug naar een lagere versnelling. 'Ik bedoel, na een jaar weer contact zoeken en dan meteen enorme haast om ons te spreken. Best vreemd toch?'

Alain schudde zijn hoofd. 'Hij zei verder niets en beloofde alleen dat alles straks duidelijk zou worden.'

'En die belofte is genoeg om direct in de auto te springen?'

'*Merde* Lou, het is familie. Natuurlijk komen we meteen.'

Ze ontweek een diepe kuil in de weg. 'Vroeg hij naar Sylvie?'

'Nee.' Alain keek recht vooruit. 'Hij weet niet van haar bestaan.'

Zijn eerlijke antwoord verraste Malou. Ze had boos kunnen worden, maar eigenlijk had ze natuurlijk totaal geen recht van spreken.

'Schaam je je voor ons?' vroeg ze daarom, maar wist eigenlijk het antwoord al.

‘Het is gecompliceerder dan dat.’

Door het open raam hoorde ze alleen het scherpe geluid van de krekels, voor de rest was het doodstil om hen heen. Ook de smalle weg die nu voor hen lag was helemaal verlaten. Op een of andere manier leek het ineens het juiste moment om ook eerlijk te zijn. ‘Mijn ouders weten het ook niet… Nog niet.’

Met een ruk draaide Alain zijn hoofd naar haar om. ‘Ik dacht dat je een telegram had gestuurd.’

‘Dat heb ik verzonnen.’ Malou ademde diep in. ‘Ze weten niet eens van jouw bestaan.’

‘Dus jíj schaamt je voor ons.’

Ze reden nu over een hobbeliger deel van de weg, met hier en daar grote rotsblokken langs de kant en Malou moest beide handen aan het stuur houden. ‘Nee, niet voor jullie. Voor mezelf.’

‘Hoe dan?’

‘Omdat ik al mijn dromen heb opgegeven.’

‘Ach… lieverd.’ Alain legde zijn hand op die van haar. ‘Heel goed dat je zo eerlijk bent, maar ga nu niet zitten somberen.’ Hij glimlachte en speelde met haar vingers. ‘Kom op, het leven is echt nog lang niet voorbij. Het is nu inderdaad even heel druk en vermoeiend, maar we zijn nog jong en…’

‘Waar is je trouwring?’ Ze staarde naar de lege plek op zijn ringvinger.

Meteen trok Alain zijn hand terug. ‘Die is zo onhandig, met dat harde werk. Hij ligt in het dressoir. Wel zo veilig.’

Het schone overhemd, de ring, de irritaties, het late werken, ineens wist ze het zeker. 'Heb je een vriendin?'

Eigenlijk had ze een boze reactie verwacht, of een ontkenning op zijn minst, maar Alain knikte alleen maar.

'Wat?' riep ze. 'Hoe durf je?'

Alain schoof zijn bril hoger op zijn neus. 'Reageer alsjeblieft niet zo hypocriet, Malou.'

'Maar ik…'

'Nee, echt ophouden nu.'

Malou gaf extra gas en de auto schoot naar voren, een stoffig spoor achterlatend. 'Doe niet alsof het normaal is, ik…'

'Stop Lou,' onderbrak Alain haar meteen. 'Laten we nou alsjeblieft eerlijk tegen elkaar blijven, dat voelt zoveel beter.'

'Dat was je nou zelf ook niet echt,' snauwde ze en liet het gas weer los.

'Dat is waar en dat spijt me ook,' reageerde hij met zachtere stem. 'Maar nu wel… Lou, ik weet dat ik jouw tweede keus was. Je kon Mo niet krijgen en ik was beschikbaar.'

Ze schudde haar hoofd. 'Zo was het niet helemaal.'

'Misschien niet, maar zo heeft het voor mij altijd wel gevoeld… Maar ook dat is zoals het is. Daar kunnen we niets meer aan veranderen. *C'est la vie*. Maar voor Eline ben ik wel nummer één, en dat heb ik af en toe gewoon nodig.'

'Eline?' herhaalde Malou langzaam en totaal onverwacht voelde ze een soort rust over zich heen komen. Ze hoefde niet meer te doen alsof. Hun huwelijk was nu officieel mislukt. 'Ken ik haar?'

'Nee, dat leek me wel zo netjes.'

'Waarvoor dank.' De Renault kroop tergend langzaam de steile weg op, maar zo te zien waren ze bijna bij de top. 'Hoelang zie je haar al?'

'Een tijdje.'

Malou vroeg niet door maar glimlachte alleen. Hoe raar was dit? Haar man lag soms met een ander in bed en als ze inderdaad heel eerlijk tegen zichzelf was, vond ze het niet eens erg. Wie had ooit gedacht dat ze het zelfs wel een goede oplossing zou vinden?

'Wat wil je nu doen?' vroeg ze zonder hem aan te kijken.

'Wat mij betreft verandert er niets. Sylvie verdient twee ouders.'

Malou schakelde terug naar de eerste versnelling. 'Een verstandshuwelijk dus?'

'Zoiets, ja.'

'Denk je dat ons dat gaat lukken?'

Alain zuchtte. 'Het is het proberen waard.'

De auto draaide de laatste bocht om en meteen doemde de brede vallei voor hen op, met dennenbossen, amandelbomen en wijnvelden badend in de felle zon. 'Kijk nou hoe mooi,' fluisterde ze.

'Schitterend inderdaad.' Alain draaide zich naar haar toe en gaf een zachte kus op haar wang. 'Lou, het komt goed, echt. We redden het samen wel. We zijn tenslotte goede vrienden.'

Ze glimlachte weer. 'Ik denk dat je gelijk hebt.'

Malou liet de auto langzaam over het hoogste punt heen rollen en nam de eerste bocht weer terug naar beneden. 'Weet je, ik ben destijds totaal naïef naar Parijs vertrokken. Verblind door het avontuur. Nu pas begin ik een beetje volwassen te worden en dat voelt eigenlijk best goed.'

'Nou laten we dan samen volwassen worden.' Alain lachte hardop. 'Wel zo fijn voor onze dochter.'

'Absoluut,' knikte Malou driftig. 'Laten we daar samen naar streven.'

De weg naar beneden was steil en de auto maakte snel vaart. Ondertussen rook ze de zoete geur van de dennenbossen en voelde ze de zachte wind over haar huid glijden. Voor het eerst sinds de geboorte van Sylvie voelde ze zich wat ontspannen. 'Ik ben wel heel benieuwd wat Badr te vertellen heeft.'

'Eerlijk gezegd,' Alain haalde diep adem, 'vermoed ik dat Mo daar is.'

'Echt?' De auto ging steeds sneller en Malou remde wat bij, maar zonder direct effect. 'Waarom denk je dat?'

'Badr zei dat er iemand langs was gekomen.'

Ze probeerde terug te schakelen, maar kreeg hem niet in zijn twee en trapte de rem nu hard in. 'Dat klinkt nogal vaag.'

'Klopt, maar Badrs telefoontje kwam erg plotseling en... hé, wat ga je hard.'

Malou trapte het pedaal nog dieper in. 'De rem reageert ineens niet meer.'

'Wat? Probeer terug te schakelen.'

'Dat lukt niet.' Met moeite kon Malou nog net de volgende bocht indraaien. 'Ik ga al te snel.'

'Hou hem recht.'

'Probeer ik.'

Overhellend naar het ravijn hield ze de auto nog maar net op de weg. Gelukkig zag ze nu een recht stuk voor zich. Trillend hield ze het stuur vast. 'Het is hier zo steil.'

'De handrem!'

Ze greep naast zich, maar door een hobbel kreeg ze hem niet pakken.

'Pas op,' riep Alain.

Een groot rotsblok lag aan de kant van de weg. Malou draaide eromheen, maar raakte hem op het laatste moment toch. Een klap. De auto schoof over de weg en Malou probeerde tevergeefs bij te sturen. 'Dit gaat fout!'

'Hou je vast!' Alain greep naar de handrem, maar het was al te laat.

Met één band schoot de auto over de rand, en voordat ze besefte wat er gebeurde werden ze gelanceerd, de leegte van de blauwe lucht in. Daarna volgde een oorverdovende klap, gekraak van bomen en ijzer. Ze hoorde Alain nog haar naam noemen en daarna werd alles zwart.

2022

Zwijgend reden ze het dorpje binnen. Xavi had na haar onthullingen weinig meer gezegd. Hij had een paar keer gevraagd of het echt wel ging, maar had haar daarna gelukkig even met rust gelaten. Sylvie besefte ineens dat het ongeluk hier niet ver vandaan was gebeurd, ook op een B-weggetje, ook slingerend tussen de wijngaarden door. Haar grootvader had haar ooit een kaart van de regio gegeven met een kruis waar het was gebeurd, maar ze was er nooit naartoe gereden. Ze had zo'n bedevaart altijd te sentimenteel gevonden. Dat paste natuurlijk helemaal in haar overlevingsstrategie om alle nare emoties te ontwijken.

Plotseling stopten ze langs de kant van de weg, voor een kleine garage. Twee oude Peugeots stonden verlaten voor de open werkplaats. Eén had geen wielen, bij de andere stond de motorkap open. Daarnaast lag een rij op elkaar gestapelde banden. Aan de zijkant stond een pomp die zo vies was dat het leek alsof hij sinds het uitbreken van de Tweede Wereldoorlog niet meer was gebruikt.

'Wil je hier tanken?' vroeg ze.

Xavi schudde zijn hoofd en parkeerde in de schaduw van een gescheurde luifel. 'Ik wil je hier iets laten zien.'

'Is dit weer een van je efficiënte contacten?' Sylvie opende haar deur en knipperde met haar ogen tegen de felle middagzon. 'Misschien moeten we hem dan meteen waarschuwen voor een mogelijk dodelijke afloop?'

'Haha, grappig zeg,' zei Xavi quasi verontwaardigd, maar ze zag het kuiltje in zijn wang weer verschijnen.

Ze liepen de loods in en lieten hun ogen even wennen aan het donker. Ineens hoorde Sylvie gesnuif en sprong naar achteren.

'Toch een beetje jumpy?' grinnikte Xavi.

In de schaduw lag een donkere labrador te slapen, te lui om zelfs zijn hoofd op te tillen. Ze aaide hem over zijn kop en als bedankje tilde hij een wenkbrauw op.

Vanuit het donker kwam een oude man op afgetrapte espadrilles aansloffen. Aan zijn diepe rimpels te zien moest hij hoogbejaard zijn, maar zijn ogen stonden helder. Zijn overall zat om zijn middel geknoopt, daarboven droeg hij alleen een wit hemd vol smeervlekken.

'Monsieur Delroy?' De man veegde zijn vette vingers aan zijn hemd af en stak toen zijn hand uit. 'Pierre Morell.'

'Pierre Morell,' herhaalde Xavi terwijl hij hem de hand schudde. 'Wat goed u te ontmoeten. Ik heb u net gebeld.'

De man knikte. 'Dat weet ik nog wel hoor. En wie heeft u meegenomen?'

'Excuus, dit is Sylvie Meekes, de dochter van...'

'Malou Meekes,' vulde Pierre aan. '*Oui*, dat lijkt me wel duidelijk.'

Even bleef het stil en ze keken elkaar alle drie zwijgend aan. Toen stak Sylvie haar hand uit en voelde nu zelf pas dat die trilde. 'Meneer, betekent dit dat u mijn moeder heeft gekend?'

'Zekers.' Pierre liet zijn blik over haar heen glijden. 'Kindje toch... Wat zou je moeder trots op je zijn geweest.'

Toen stroomden toch de tranen over haar wangen. Een ontlading van jaren die niet meer te stoppen leek. Snikkend stond Sylvie tussen de twee mannen in, die zelf nu ook wat ontredderd leken.

'Ach meissie,' zei Pierre uiteindelijk en viste een zakdoek uit zijn achterzak. 'Hier.'

Ze pakte de zakdoek aan, maar zei niets.

'Laten we maar even gaan zitten.' Pierre draaide zich langzaam om. 'Achterin is het koeler.'

Haar benen trilden en ze leek niet meer te kunnen bewegen.

'Kom.' Xavi sloeg een arm om haar heen. 'Ik denk dat je dit verhaal wel wil horen.'

Ze zaten aan een gammel ijzeren tafeltje en Pierre had drie Pernodjes ingeschonken. De brandende anijssmaak bracht haar wat tot rust en Sylvie depte haar ogen. Normaal zou ze zich direct verontschuldigen voor zo'n emotionele uitbarsting, maar nu kon het haar weinig schelen. Ze wilde alleen maar de verhalen over haar ouders horen.

Gelukkig vroeg Xavi: 'Waar hebben jullie elkaar eigenlijk ontmoet?' Zelf kon ze nog geen woord uitbrengen.

'Ik had een restaurant naast Club 55.' Pierre nipte kort van de drank. 'Met weinig succes overigens.' Hij gebaarde om zich heen. 'Daarom was ik ook nog automonteur, hier in mijn vaders garage.'

Ze knikte en hoopte vurig dat hij door zou praten.

'Maar goed,' ging hij rustig verder. 'Op een zondag stond je moeder ineens in mijn keuken. Blond, stralend en zo mooi. Meteen geïnteresseerd in mijn potjes met kruiden, ze tilde alle deksels van mijn pannen. Ze wilde geloof ik bouillabaisse leren maken.'

Sylvie voelde alweer haar ogen prikken. Haar moeder had dus ook van koken gehouden.

'Daarna kwam ze elke zondag met je vader eten,' ging Pierre verder. 'Een leuk stel, ze praatten veel met elkaar. Af en toe de slappe lach. En toen zagen we Malou's buik groeien. Ik geloof dat Janique, mijn overleden vrouw, en ik niet eens hebben gevraagd of ze zwanger was, het was zo overduidelijk. Wij waren getuigen bij hun huwelijk. Een leuke dag, je moeder had volgens mij een...'

'Gele jurk aan,' vulde Sylvie aan, opgelucht dat ze haar stem weer had gevonden.

'*Mais oui*, geel,' herhaalde Pierre tevreden. Hij kneep zijn ogen een beetje samen en leek in gedachten weer op die dag terug te zijn. 'Ik had oesters gehaald en kreeft voor de lunch.'

Sylvie zou zoveel meer kunnen vragen, maar wilde nu ook dat beeld vasthouden van haar gelukkige ouders met vrienden aan hun huwelijkslunch en zweeg.

Xavi maakte meteen gebruik van de stilte en schraapte zijn keel. 'Mooie herinneringen. Ik kan me voorstellen dat jullie misschien nog verder willen praten, maar ik kwam hier eigenlijk voor iets specifieks.'

'En ik bedenk ineens dat ik je nog niet hebt bedankt voor deze verrassing.' Sylvie gaf een vriendschappelijk klopje op zijn knie. 'Hoe heb je Pierre eigenlijk gevonden?'

'Stom toeval.' Xavi trok zijn schouders recht. 'Ik zat dus vanochtend op het bureau, moest wachten en raakte aan de praat met een oudere man achter de balie. Hij was agent geweest, maar nu gepensioneerd en deed nog wat klusjes op het bureau. Hij zat er ook al in de jaren zestig en ik heb hem gevraagd naar je ouders' ongeluk. Hij bleek het zich nog goed te herinneren.'

'Niet waar.' Ze schoof naar voren op haar stoel.

'Het had hem destijds zo geraakt. Jonge ouders, met een achtergelaten baby.' Xavi keek haar onderzoekend aan, of ze niet weer zou gaan huilen, maar ze knikte hem bemoedigend toe. Snel vertelde hij verder. Na wat doorvragen had de man spontaan aangeboden het dossier in het systeem op te halen. 'Onder het mom van: dat is zo lang geleden, dat interesseert anderen toch niet meer.'

'En toen kwam hij mijn naam tegen,' vulde Pierre aan. 'Ik heb destijds namelijk een verklaring gegeven.'

'Waar nooit iets mee is gedaan,' besloot Xavi.

Ze keek de mannen om de beurt aan. 'Wil ik het weten?'

'Wij denken van wel,' zei Xavi en hij keek haar bemoedigend aan. 'Nu zeker.'

Ze nam een grote slok Pernod, aaide de labrador die

naast haar was komen zitten en ademde diep in. 'Vooruit, laat maar horen.'

'We hadden hier een takelwagen.' Pierre wees nu naar een stapel schroot in de hoek. 'Ze hadden ons gevraagd het wrak uit het ravijn te halen. Er bleek niets van over. Dat wagentje was als een harmonica in elkaar gedrukt. Ik heb het hier weken op het terrein laten liggen. Kon er niet naar kijken. Maar toen ze zeiden dat je moeder een stuurfout had gemaakt, ben ik er toch in gedoken. Ze was immers een goede chauffeur, althans voor een vrouw.' Hij nam een slokje en gaf haar een kleine glimlach. 'En ze hadden geen remsporen gevonden. Dat vond ik echt heel vreemd.'

Sylvie vouwde haar handen in elkaar. Als hij maar niet ook ging zeggen dat het zelfmoord was, schoot door haar hoofd. 'En toen?'

'Het waren de remmen.' Pierre knikte, alsof hij zijn eigen bevinding opnieuw goedkeurde. 'Die hebben geweigerd.'

'Wat? Echt?'

'Absoluut. De remkabels waren half doorgeknipt. Na een keer de rem hard intrappen, hadden ze geen schijn van kans meer.'

Haar keel vernauwde. 'Met opzet dus?'

'Zonder twijfel,' bevestigde Xavi. 'Die melding heeft de politie toen genegeerd.'

'Echt waar?' vroeg ze weer.

'Ik heb een foto gemaakt.' Xavi pakte zijn telefoon. 'Van Pierres melding. Zal ik hem sturen?'

Ze knikte. 'Welke gek doet zoiets?'

'Dezelfde die nu ook je familie belaagt.' Xavi ging staan. 'En ook nu hebben ze genoeg macht om de politie te beinvloeden. Ze beginnen ineens een fraudeonderzoek, of vertragen Beau's onderzoek met valse beschuldigingen. Arme Adam. En in 1969 manipuleerden ze bewijsstukken.'

'Denk je dat echt?' vroeg ze.

Hij knikte. 'Als journalist vind ik dit te toevallig. Daar moet een link zijn.'

'Het klinkt juist zo vergezocht. Wie dan? Mijn arme ouders...' Ze aaide de kop van de hond, vooral als troost. 'Waarom?'

Xavi begon rondjes om hen heen te lopen. 'Dit frustreert me ook. Als we het motief hebben, vinden we ook snel de daders. Daar twijfel ik niet aan. Maar niks, *rien*. Ik kan maar niet bedenken waarom jullie een doelwit zijn.'

Pierre negeerde het geijsbeer van Xavi en legde zacht zijn eeltige hand op die van Sylvie. 'Je had je moeder moeten zien met jou op haar arm. Ze was zo jong, een beetje overdonderd door alles, maar in totale verwondering.'

'Dank je, Pierre.' Ze legde haar hand op die van hem. 'En jullie hebben mij dus opgevangen toen ze...'

Hij knikte. 'We hadden er zelf al twee, dus zo'n derde erbij had best gekund... Maar je grootouders waren er al snel.' Opnieuw leek hij in gedachten in 1969 te zijn. 'We hebben ze nog de sleutel gegeven van jullie appartement. Ze pakten wat spullen voor jou, hebben alles van je moeder achtergelaten. En toen was je ineens weer weg. We schreven nog brieven… maar we hebben niets meer gehoord.'

'Ze hadden veel verdriet,' verdedigde Sylvie uit gewoonte het teruggetrokken gedrag van haar grootouders. Maar eigenlijk begreep ze het toch niet zo goed. Waarom hadden ze toch altijd haar vroege jeugd zo doodgezwegen?

Pierre zuchtte. 'Ja, het was een andere tijd.'

'Sorry…' begon Xavi voorzichtig. Hij stond nu stil en gebaarde met zijn hoofd naar buiten. 'Ik denk dat het verstandig is om nu toch naar het bureau te gaan.'

Ze trok haar handen terug. 'Maar je zei net dat ze waarschijnlijk beïnvloed worden.'

'Klopt, maar ik verwacht niet iedereen.' Xavi trok zijn overhemd recht, en ze ving nog net een glimp op van zijn strakke buik. 'Het is vooral zinvol om alle punten bij elkaar nog eens op te noemen. Zeker als Hugo nu ook zijn verhaal aan het vertellen is. Wie weet wie met die Jean Marie is verbonden. Misschien kunnen ze ook nog iets met dat nummerbord van die zwarte Toyota.'

'Heb je dat onthouden?' vroeg ze.

Hij tikte op het notitieboekje in zijn broekzak. 'Journalist hè.'

'Ik zou ook zeker gaan.' Pierre dronk zijn glaasje leeg en stond op. 'Misschien als ze alles bij elkaar zien, gaat er ergens bij een rechercheur wel een lichtje branden.'

'Vooruit.' Sylvie sloeg op haar knieën. 'Kom maar op dan.'

Met twee zoenen namen ze afscheid en ze kreeg een verfrommeld visitekaartje van de garage in haar handen gedrukt.

'Hier meissie,' zei Pierre. 'Voor als je nog eens wil mijmeren.'

Ze gaf hem zijn zakdoek terug. 'Dank voor alles, Pierre. Toen, en nu.'

Terwijl ze naar de auto liepen, volgde de labrador haar op de voet. Ze gaf hem een laatste aai en stapte in. Het was nog een half uurtje rijden, net genoeg tijd om haar gedachten wat te kunnen ordenen. En nadat Xavi de auto had gestart, zocht ze een klassieke radiozender op en sloot haar ogen.

Xavi stond voorovergebogen aan de balie en nam rustig de tijd om een zee aan formulieren in te vullen. Ondertussen wipte Sylvie van het ene been op het andere. Ze had net gehoord dat Hugo niet op het bureau geweest was, dus ze had hem meteen weer tien keer gebeld. Zonder resultaat natuurlijk. En zo te zien was hij ook al sinds vanochtend niet meer online geweest.

'Ik moet echt even naar buiten,' zei ze tegen Xavi en draaide zich om. Te snel gooide ze de deur open en botste tegen een man met zijn zoontje op.

'Madame!' zei de man en trok zijn zoon vlug dichterbij. 'Kijk uit!'

'*Excusez-moi*,' mompelde Sylvie en liep snel door. Eenmaal in de schaduw van een boom ademde ze diep in en belde toen Gabriel.

'Schat eindelijk, hoe is het met je?' klonk meteen zijn vrolijke stem.

'Ik heb je zoveel te vertellen. Niet normaal. Het lijkt wel of mijn hele leven honderdtachtig graden is gedraaid.' Met haar mouw depte ze haar voorhoofd. 'Maar dat is voor later. Ik wilde je eerst om een gunst vragen.'

'Natuurlijk. Vertel.'

'Ik krijg die lul van een echtgenoot niet te pakken.' Sylvie hoorde dat ze hijgde en probeerde nog dieper in haar buik te ademen. 'Hij zou zich melden op het politiebureau, maar hij is nergens te bekennen.'

'Je klinkt verbaasd.'

'Hij had het beloofd.'

Gabriel kuchte. 'Echt Syl, eerlijk. Is hij ooit betrouwbaar geweest?'

Ze zakte op een stenen muurtje. De vraag leek een filmtrailer in haar hoofd te starten en alle gebroken beloftes, niet-nagekomen afspraken en leugens over de kleinste dingen kwamen in een flits voorbij. Die geniepigheid was er inderdaad altijd geweest.

'Chérie, ben je er nog?'

'Je hebt gelijk.' Ze wapperde zich met haar hand wat koelte toe. 'Je hebt zo ontzettend gelijk. Waarom heb ik dat in vredesnaam nooit eerder gezien?'

'Je kón het niet zien,' verbeterde Gabriel haar. 'Alleen door het gelieg te negeren kon je je familie bij elkaar houden. Tot nu toe dan. Je zei toch vaak dat je jouw dochters het gezin wilde gunnen dat je zelf had gemist?'

'Heb ik dat gezegd?'

Gabriel grinnikte. 'De hele tijd.'

'Als jij het al die jaren wel hebt gezien, waarom stel je me dan nu pas die vraag?'

'Had ik je zorgvuldig opgebouwde huwelijksconstructie bruut omver moeten gooien?' Gabriel zuchtte. 'Het leek voor je te werken. En trouwens, als ik het wel had gezegd, had je het ontkend.'

'Waarschijnlijk wel,' moest ze bekennen. Voor haar liep de vader met zijn zoontje weer naar buiten en ze draaide gegeneerd haar hoofd weg. 'Nu maakt het toch allemaal niets meer uit. Niets klopt meer.'

'Eindelijk ben je van al je krampachtige pogingen bevrijd.'

Samen schoten ze in de lach en ondertussen dacht ze weer aan Hugo. Misschien was hij bij zijn vriendin om het definitief uit te maken. Of juist om haar te beloven nu echt te gaan scheiden. Maar het maakte oprecht niet veel meer uit. Haar leven was toch al één grote chaos. 'Deze controlfreak is definitief begraven,' besloot ze. 'Geen pogingen tot beheersen meer.'

'Goed zo, maar wat kan ik dan nu nog voor je doen?'

'Waar ben je?' vroeg ze.

'Maxie en ik staan voor de bakkerij. Onder de luifel. Die arme hond kijkt me smachtend aan. We wilden net gaan wandelen.'

'Vind je het vervelend om met de hond even langs mijn huis te lopen? Om te checken of Hugo daar is?'

Ze hoorde dat hij een sigaret opstak.

'Die vijf minuten extra? Dat haal ik wel hoor.' Hij blies de rook puffend uit. 'Ik heb trouwens nog je sleutel. Zal ik ook even binnen kijken?'

'Heel graag. En meteen bellen hè?'

Ze hing op en stuurde toen naar beide dochters een hartje met de vraag hoe het ging. Ze verheugde zich erop om als straks alles was opgelost, Pierre uit te nodigen en dan samen met haar tweeling een avond lang herinneringen op te halen aan haar ouders. Hun grootouders.

Natuurlijk reageerden haar beide dochters niet meteen. Lilou was hard aan het werk en als het goed is sliep Beau lekker door. Hun tijd samen kwam nog wel.

Sylvie wapperde met haar blouse, maar niets hielp meer om af te koelen en net toen ze terug de airco in wilde lopen, stormde Xavi naar buiten, zijn krullen nog woester dan anders.

'Kom.' Hij pakte haar arm en trok haar ruw mee. 'Naar de auto. Snel.'

'Au, je doet me pijn! Wat is er?'

Hij draaide zich om. 'Ze hebben de eigenaar van de Toyota gevonden.'

'Waar gaan we dan nu heen?'

'Club 55.'

Ze reden over de D93 terwijl Xavi aan één stuk door praatte. De auto stond op naam van ene Jean Martin. Dat kon dus ook Jean Marie zijn, de man die Hugo ook al had genoemd. Op camerabeelden had de politie hem inderdaad in de loop van de ochtend gespot in de buurt van het ziekenhuis in Marseille. 'We hebben ons dus niets verbeeld,' besloot hij tevreden.

'En waar is hij nu dan?' vroeg Sylvie terwijl ze door rood reden. Ze keek Xavi even beschuldigend aan, maar hij leek het niet te merken.

'Ze zagen de auto tien minuten geleden in de buurt van de haven van Antibes,' ging hij enthousiast verder. 'Op ongeveer honderd kilometer hier vandaan. Het bureau in Cannes pakt dat nu op.'

Xavi draaide zo scherp de bocht in dat Sylvie beide handen plat op het dashboard moest leggen om rechtop te blijven.

'Waarom rij je dan zo hard?' vroeg ze met haar ogen strak op de weg gericht.

'Doe ik dat?' Xavi nam meteen gas terug. 'Sorry... Dat is mijn enthousiasme. Als ik eenmaal een spoor te pakken heb ga ik ervoor.'

'Als een jachthond.'

Hij keek haar lachend aan. Die ogen, ze leek erin te verdwijnen en ze keek vlug weer strak naar voren. 'Dat zegt

Antoine, mijn chef, ook altijd. Maar sorry, wat onnadenkend van me.' Ineens ging hij nog langzamer rijden. 'Met het ongeluk van je ouders en dan ben ik zo aan het racen...'

Ze zakte wat naar achter. 'Het gaat wel weer, maar vergeet je niet iets?'

'Vast, wat dan?'

Ze hield haar telefoon in haar hand. 'Moeten we die niet wegleggen? En moet ik me niet onder het dashboard verstoppen?'

'Heel goed.' Hij grinnikte. 'Dat heb je altijd wat overdreven gevonden hè? Maar ik kan geen risico's nemen. Als journalist sta je vaak in de vuurlinie. Figuurlijk dan.'

'Dat begreep ik. Maar ben je dan nu helemaal niet meer op je hoede?'

Hij beet nadenkend op zijn lip. 'Goed punt. Met een verdachte in beeld ben ik duidelijk minder alert. Wil je toch graag onder het dashboard kruipen?'

'Liever een ander keertje,' zei ze meteen en wist niet of hij zelf had gehoord hoe dubbelzinnig dat klonk. 'Maar wat gaan we eigenlijk bij Club 55 doen? Als het zo warm is zal Lilou het wel druk hebben.'

Ze reden Boulevard Patch op en sloten aan bij een langzaam rijdende stroom auto's op weg naar het strand. 'De politie heeft de nummerplaat van die Toyota door de systemen getrokken. En het bleek al snel dat hij vanochtend inderdaad heel vroeg bij jou in de straat was.'

'Shit, ik heb hem dus gezien.' Ze ging rechtop zitten. 'Dat gedrongen mannetje bij mij in de tuin.'

‘Waarschijnlijk, maar dat kan natuurlijk ook een compagnon zijn geweest.’

‘Natuurlijk. Maar toch een prettig gevoel dat ik niet gek ben.’

Xavi glimlachte. ‘Dat begrijp ik. Daarna, dus nog voordat hij naar Marseille is gereden, was hij hier.’

‘Bij Pampelonne?’

Xavi knikte. ‘Sterker nog: de Toyota heeft zeker een half uur recht voor Club 55 gestaan.’

‘Waarom daar?’

‘Misschien voor je dochter?’

‘Maar ze was bij mij…’ Sylvie wreef over haar hals, plukte aan haar mouw en pakte haar telefoon. ‘Ik bel Lilou toch even dat we eraan komen.’

Maar haar dochters telefoon ging niet eens over en ze zag dat ze al sinds vier uur vanmiddag WhatsApp niet meer had geopend.

‘Lou is niet te bereiken.’ Sylvies stem sloeg over. ‘En ze is ook al bijna drie uur niet meer online geweest.’

‘Dat zegt niets.’ Xavi legde een hand op haar schouder. ‘Maak je niet te druk. De club is vol met mensen, de politie zit nu achter die Martin aan, en zijn auto staat *as we speak* in Antibes. Er zal nu niets gebeuren.’

Ze schudde zijn hand weg. ‘Misschien heeft hij een compagnon… Dat zei je net zelf.’

‘De politie zou direct de club bellen toen ik net vertrok. Die hebben vast zelf ook camerabeelden, of wie weet hebben ze die Martin wel gesproken…’ Xavi remde net op tijd voor zijn voorganger die abrupt stopte. 'Verdomme, het verkeer staat muurvast.'

'We kunnen hier langs de rij.' Sylvie schoof haar raam open en keek naar buiten. 'Via de vluchtstrook.'

'Daar ga ik echt niet aan beginnen.' Xavi trok op toen het langzaam weer begon te rijden. 'Bovendien, die rechercheur denkt er vast aan om ook naar je dochter te vragen. Je hebt hem zelf gezegd dat ze daar werkt. Dus dan...'

Met een forse ruk aan het stuur trok Sylvie de auto dwars, richting de vluchtstrook.

'Wat doe je?' Xavi keek over zijn schouder. 'Dit is levensgevaarlijk.'

'Ik dacht dat jij zo'n jachthond was.'

Even kruisten hun blikken elkaar en ze zag ineens weer die honger in zijn ogen. Zonder iets te zeggen gaf Xavi gas, draaide behendig de rij uit en reed met knipperlichten aan hard over de vluchtstrook. Af en toe werd er getoeterd, maar Xavi deed zijn raampje open en draaide rondjes met zijn hand. Alsof hij een zwaailicht imiteerde.

'Serieus kijken, we zijn undercoveragenten.' Hij keek even vlug opzij. 'Nee niet lachen, kom op, wees boos op de wereld.'

Binnen vijf minuten waren ze de rij voorbij en draaiden de parkeerplaats op. Nergens was meer een plek te vinden, maar Xavi zette de auto half in het duin, recht voor de club. Meteen gooide Sylvie haar deur open, maar struikelde bij het uitstappen over een tak. Ze kon nog net op tijd op de houten planken richting de strandtent stappen.

'Waarom die enorme haast?' Xavi haalde haar met zijn grote stappen in. 'Gaat het?'

'Als ik Lou heb gevonden wel weer ja.'

Aan het eind van de vlonder stond achter een hoge smalle tafel een jonge vrouw geheel in het wit, mee te deinen op de jazzy housemuziek. 'Heeft u een reservering?' vroeg ze vriendelijk.

'Ik kom voor Lilou.'

Ondertussen keek Sylvie snel achter de vrouw langs de strandtent in. Brede witte loungebanken, met blauw damast gedekte tafeltjes en grote rieten parasols. Overal mensen, elke millimeter leek bezet.

'Wie zegt u?' De vrouw met een gebloemde sjaal om haar opgestoken haar gewikkeld, staarde naar het computerscherm. 'Met hoeveel mensen bent u?'

'Nee, ik kom voor Lilou,' zei Sylvie nog een keer, maar nu langzamer.

De vrouw schudde haar hoofd. 'Die naam zie ik hier niet staan.'

'Lilou Joubert,' riep Xavi achter Sylvies rug. Zijn zware stem maakte zelfs op haar indruk. Maar de vrouw bleef nee schudden. 'Echt niets. En wilt u even aan de kant gaan, dan kan ik de volgende mensen helpen.'

Sylvie zag dat achter haar een korte rij was ontstaan, maar deed juist een stap naar voren.

'Je draagt haar oorbellen.' Ze wees naar de grote gouden ringen met bedeltjes. 'Die zijn van Lilou.'

De vrouw sloeg beide handen voor haar oren, alsof ze

het goud dat eraan hing moest beschermen. 'Deze zijn gewoon van mij en wilt u nú...'

'Wat speelt hier?' Vanachter een bamboescherm verscheen een man van in de zestig, in een kraakhelder wit linnen pak. 'Is er een probleem? En kan ik...' Plotseling deed hij een stap terug. 'Niet te geloven dit.'

'Wat?' De jonge vrouw wees naar haar. 'Die vrouw...'

'Die vrouw is Sylvie Meekes, dat kan niet anders.' De man stak direct zijn hand uit. 'Patrice de Colmont, welkom, ik heb vroeger op je gebabysit.'

'Dit is toch niet normaal.' Patrice duwde zijn Ray-Ban in zijn haren en wees nog eens naar de fotolijst op haar schoot. 'Kijk nou, twee druppels water. Ik herkende je meteen.'

Sylvie staarde naar de foto van haar moeder. Ze droeg een rode kaftan, haar blonde haren wapperden in de wind en ze hield een baby in een wit rompertje dicht tegen zich aan. Naast haar op het duin stond een man, ook in een wit pak en met grijze haren, die verdacht veel op Patrice leek. En voor hen stond een jongen van een jaar of tien, wijdbeens en in een blauwe zwembroek, trots met zijn armen over elkaar.

'Dat ben ik.' Patrice tikte op de foto. 'Ik weet het nog zo goed. Ik mocht je tijdens de lunch vasthouden.'

Ze zaten aan de rand van het restaurant naast elkaar op een witte bank. Overal om haar heen was geluid. Lachende mensen, hard gepraat, dreunende muziek en op de achtergrond de branding. Maar Sylvie leek alleen een ruis te horen en bleef strak naar haar moeders foto kijken. Haar ogen begonnen te prikken, maar het kwam niet door de opvallende gelijkenis, of het bizarre toeval dat Patrice haar nog herkende. Het was vooral die verwilderde blik die Sylvie raakte. Het kon inderdaad de overweldiging van het moederschap zijn, maar het leek wel iets anders. Alsof haar moeder zich geïntimideerd voelde, misschien zelfs een beetje bang was.

'Het is allemaal heel bijzonder,' hoorde ze Xavi zeggen en ze was opgelucht dat hij begon te praten. 'En daar moeten we het zeker later nog eens over hebben, maar we komen eigenlijk voor Lilou.'

'Natuurlijk, Lou, of *BijouxLou* zoals we haar eigenlijk noemen. We zijn zo blij met haar. Wat een prachtige dingen maakt ze, hè? Ze heeft hier echt een fanbase.' Patrice zette zijn zonnebril weer op. 'Ik heb zo vaak tegen haar gezegd, "neem je moeder nou eens mee". Ik verlangde er natuurlijk vreselijk naar om je weer eens te zien.'

'Natuurlijk,' herhaalde Sylvie.

'Wat een toeval toch, dat ze juist hier kwam werken.'

'Ja, wat een toeval,' herhaalde ze weer en voelde irritatie opkomen. Deze man was te lang van stof. 'Waar is ze eigenlijk?'

'Ze is even op zee.'

'Op zee? Op een boot? Waarom?' vroeg Xavi.

Sylvie legde de fotolijst op tafel. 'Ze moet toch gewoon werken?'

'Iemand valt een paar uurtjes voor haar in. We gunden haar dit uitje.' Patrice glimlachte, maar ze kon door zijn donkere bril niet zien of hij het meende.

Ze ging rechtop zitten. 'Wat doet ze daar dan?'

'Onze nieuwe eigenaar heeft in de zomermaanden voor de kust een groot jacht liggen. Af en toe nodigt hij spontaan wat medewerkers uit. Echt zo aardig van hem. Hij houdt van die coole vip-party's.'

Op geen enkele manier kon Sylvie zich voorstellen dat Lilou zich thuis zou voelen op een flashy feest op een luxe jacht. 'En ze wilde er zelf heen?'

'Natuurlijk.' Patrice schoof zijn zonnebril weer op zijn hoofd. 'Het is echt zo'n aardige man. Midden zeventig, maar nog superfit. Hij...'

Ze voelde haar telefoon op haar schoot trillen en zag dat Gabriel belde. 'Momentje,' zei ze en stond op. 'Deze moet ik even aannemen.'

Sylvie liep langs een luidruchtige tafel vol onderuitgezakte mannen met buikjes en vrouwen met opgespoten rode lippen. De enige rustige plek hier leek het duin naast het terras en ze liep het warme zand in.

'En? Heb je hem gevonden?' vroeg ze toen ze boven op het duin in de brandende zon stond. Ze hoorde Gabriels stem, gejaagd en volkomen onverstaanbaar.

'Wat zeg je?' Ze hield één oor dichtgedrukt en duwde haar telefoon nog dichter tegen het andere aan. 'Er is hier veel lawaai.'

'Het is Hugo,' hoorde ze hem nu roepen. 'Hij ligt hier.'

‘Waar?’

‘In de keuken, op de vloer in een plas bloed.’

‘Bel nú de politie.’

‘Jezus Syl, dat heb ik natuurlijk al gedaan.’

‘Ademt hij?’ Haar wangen gloeiden. ‘Check snel.’

‘Ik zit naast hem, hij ademt ja, lijkt alleen bewusteloos.’

Ze hoorde Maxie blaffen.

‘Shit, shit, shit, is hij gevallen? Waar is de wond?’

‘Zijn schouder…’ begon Gabriel maar hij viel meteen stil.

‘Wat? Wat is er?’

‘Het mes… Het zit er nog in.’

‘Jezus.’ Haar knieën klapten dubbel en ze zakte in het zand. ‘Je moet het laten zitten.’

Gabriel hijgde. ‘Weet ik, dat zei de alarmcentrale ook al.’

‘Heb je iemand gezien?’ Ze zag dat Xavi op haar af kwam lopen. ‘Op straat? Rond het huis?’

‘De achterdeur stond open, maar er is nu niemand.’

Xavi vroeg wat er was, maar ze keek hem alleen maar aan en bleef ondertussen geforceerd kalm tegen Gabriel praten. Of de sirene al te horen was? Of het bloed was gestold? Of Hugo blauwe lippen had? Ze wilde haar vriend erbij houden en helpen waar ze kon. Pas toen ze de ambulancebroeders hoorde binnenrennen hield ze op.

‘Ik moet ophangen, Syl.’ Ze hoorde gestommel en stemmen op de achtergrond. ‘Bel je later.’

‘Wacht,’ riep ze nog, maar Gabriel had haar al weggedrukt.

Xavi trok haar omhoog. ‘Is er iets met Hugo?’

Ze knikte, sloeg het zand van haar af en terwijl ze terugliepen, legde ze kort uit wat er was gebeurd. 'Heftig, maar het klonk niet levensbedreigend,' eindigde ze en was verrast hoe kalm ze bleef.

'Ongelofelijk dit.' Xavi woelde met zijn handen door zijn krullen. 'Dat moet die Martin dus nog hebben gedaan voordat hij naar Antibes reed... Waarom?'

Ze stonden op de rand van het terras en keken elkaar aan. Tegelijkertijd kwamen ze tot dezelfde conclusie.

'Lou!' zei ze en pakte zijn hand. 'Lou is de enige die nog niet is aangevallen.'

'We moeten... die boot.'

'*Mes amies*.' Patrice kwam met een magnumfles aanlopen. 'Kan ik jullie een bijzonder mooi glas champagne aanbieden? Terwijl jullie hier wachten...'

'Hoe bereiken we die boot?' Xavi negeerde de uitgestoken fles en ging recht voor hem staan. 'Kun je de eigenaar bellen?'

'Relax.' Patrice zette beteuterd de fles op tafel. 'Op zee is totaal geen ontvangst. En meneer Said heeft nog nooit een mobiele telefoon gehad.'

'Wie?' vroeg Sylvie, terwijl haar slapen begonnen te kloppen. 'Welke naam zei je?'

'Onze nieuwe eigenaar, meneer Said, die heeft...'

'Said? Echt?' Ze staarde naar de zee. Hoe was dit in vredesnaam mogelijk?

'Patrice, luister goed,' begon ze weer. 'Heb je hier een bootje liggen?'

‘Nu niet meer, daar is Lou net mee weggebracht…’

Ze keek naar Xavi. ‘We gaan.’

‘Waar wil je heen?’

‘Nú!’ riep ze en zonder nog om te kijken rende ze weg. Ze hoorde niets meer, voelde niets, dacht alleen nog maar aan Lilou. Haar dochter op die boot. Misschien wel in levensgevaar.

'Sneller!'

'Syl!' Xavi gaf nog meer gas. 'Vertel ondertussen in godsnaam wat er aan de hand is.'

'Hier naar rechts!'

Xavi gooide zijn stuur om en een tegenligger toeterde. 'Waar gaan we heen?'

'Het is hier aan het einde van de straat.'

Het stoplicht sprong op oranje, maar Xavi reed hard door, dwars over het kruispunt. 'Daar is het restaurant van Jerome.'

'Precies.' Ze hield haar blik strak op de weg. 'Nog honderd meter.'

'Denk je dan toch dat hij...'

Ze schudde haar hoofd. 'Stop hier. Snel!'

Met piepende remmen kwamen ze midden op de weg tot stilstand. Meteen sprong Sylvie eruit. 'Wacht hier.'

Ze rende de straat over en bleef voor het volle terras staan. 'Jerome!' gilde ze over de hoofden heen. 'Waar is Jerome?'

De gasten vielen stil en iedereen keek haar kant op, maar niemand reageerde.

'Waar the fuck is Jerome?'

Een jonge ober stak zijn hand op. 'Achterin, mevrouw.'

Ze rende naar binnen en zag hem inderdaad staan, in gesprek bij de bar. 'Jerome!'

Meteen draaide hij zich om. 'Mevrouw Meekes? Wat kan ik voor u...' Zijn gezicht betrok direct. 'Je ziet lijkbleek, wat is er?'

'Het is Lilou,' hijgde Sylvie. 'Mag ik je boot lenen?'

Hij twijfelde even, keek toen om zich heen en wenkte een kleine vrouw. 'Marquerite, kan jij het overnemen?'

Hij keerde zich weer naar Sylvie. 'Ik ga met je mee.'

'Weet je het zeker?'

Hij knikte. 'Dat ding krijg je nooit alleen aan de praat.'

Ze renden naar buiten, over het terras, waar nu een luid geroezemoes was ontstaan, en schoten toen de auto in die Xavi al op de stoep had gezet.

'De haven,' zei Sylvie. 'Weet je hoe je daar komt?'

Xavi knikte. 'Drie straten verderop, toch?'

'Het zal wel druk zijn.' Jerome boog zich tussen de twee voorstoelen in. 'Neem die steeg naast de Monoprix, daar pas je waarschijnlijk net doorheen.'

Sylvie draaide zich om naar Jerome. 'Dank je.'

'Natuurlijk.' Hij haalde zijn schouders op. 'Jij zou hetzelfde doen.'

Xavi scheurde de steeg in en raakte een vuilnisbak. Het deksel schoot los, maar hij hield de auto in balans en stuurde scherp de hoek om. Voor hen verscheen een lange rij stilstaande auto's. De file reikte tot aan de haven.

'Shit!' Tranen schoten in Sylvies ogen. 'Wat nu?'

Zonder iets te zeggen, reed Xavi de stoep op, toeterde, zwaaide uit het raam. Mensen sprongen boos aan de kant, maar een rij ijzeren paaltjes versperde de doorgang.

‘Rennen!’ riep Xavi. ‘Ga door met zijn tweeën. Nu!’

‘Weet je het zeker?’ vroeg Sylvie terwijl ze de deur al opengooide.

Xavi knikte. ‘Ik bel de politie en wacht ze hier op. Kom op, *allez*!’

Ze staken de straat over en renden achter elkaar de boulevard op. Mensen slenterden in een zacht deinende massa op hun gemak langs de megajachten. Ze namen selfies of bleven in groepjes bij elkaar staan en blokkeerden de stoep. Slingerend probeerden Jerome en Sylvie zich erdoorheen te wringen. Hij was er handiger in en liep op haar voor. Ze mocht hem niet uit het oog verliezen, probeerde te versnellen maar botste tegen een grote vent aan en struikelde. Haar knieën schaafden over de tegels en haar linker espadrille schoot los.

‘Wat is dit? Kijk eens uit, zeg,’ klonk het in het Nederlands boven haar en twee paar sterke handen tilden haar op. ‘Madame, *ça va*?’

‘Het is mijn dochter, ze is in gevaar.’ Sylvie was nog nooit zo blij geweest Nederlands te kunnen praten en keek de gespierde man met zijn roodverbrande gezicht vragend aan. ‘Kunt u me helpen?’

‘Zeg het maar.’

Snel trok ze haar schoen aan en gebaarde naar de rode luifels van Le Senequier verderop. ‘Ik moet daar zo snel mogelijk heen.’

‘Volg mij maar.’

De man maakte zich nog breder en terwijl hij met een

dik Nederlands accent een paar keer *s'il vous plait!* riep, creëerde hij voor haar ruimte in de menigte. Na een paar minuten stonden ze voor het restaurant en zag ze Jerome al de touwen van zijn zwarte smalle speedboot losmaken. Hij zwaaide toen hij haar ook zag.

Sylvie ging op haar tenen staan en gaf de Nederlandse man een kus op zijn wang. 'Dank je wel, je hebt me ongelooflijk geholpen.' Daarna rende ze de kade over en sprong bij Jerome op de boot. 'We kunnen.'

'Waarheen?'

'Snel, de zee op.'

Jerome startte de motor, een zwaar geronk klonk door de haven en mensen bleven op de kade stilstaan om te kijken hoe Jerome ook de laatste trossen losgooide.

'De zee is best groot,' zei hij toen hij weer achter het roer ging staan. 'Waar varen we heen?'

'Naar een ander schip.'

Langzaam voer Jerome achteruit. 'Er zijn ook best veel andere schepen.'

'Shit, shit.' Sylvie plofte hijgend op de bank vol dikke kussens. Het voelde alsof haar hart bijna uit haar borst klopte. 'Geen idee eigenlijk. Maar Lou zit op een boot van een rijke, oude vent.'

Behendig draaide Jerome zijn lange boot om. 'Dat klinkt nog steeds niet heel gevaarlijk.'

'Hij is van ene Said,' zei ze zacht en bij het uitspreken van die naam gleed er een rilling over haar rug.

'Dé Said? Die met dat enorme vastgoedimperium?'

Sylvie keek op haar telefoon – ze had hier nog net bereik– maar er was geen nieuw bericht van Gabriel uit het ziekenhuis. 'Dat zou kunnen.'

'Saids boot ken ik wel, die ligt meestal tussen hier en Pampelonne in, maar dan verder op zee.'

Met een zacht puffende motor voeren ze de haven uit. In de verte zag Sylvie op de hoek van de haven de gestreepte luifel van Les Jumelles. Wat leek dat gemoedelijke leven ineens ver weg.

Ze schoof zenuwachtig over de bank. 'Kan dit ding niet harder?'

'Dat is een retorische vraag, dat weet je,' zei Jerome terwijl hij achteloos langs twee grote driemasters manoeuvreerde. 'Dit beestje heeft 100 pk. Maar in de haven mag het niet zo snel.'

Haar telefoon trilde.

Politie gebeld, ze komen. Over tien minuten bij de haven. Wat is de naam van het schip? vroeg Xavi in een berichtje.

Ze passeerden het havenhoofd en voor hen strekte de Middellandse Zee zich kilometers ver uit. Talloze kleine motorboten, zeiljachten, ferry's en waterscooters schoten voor de kust langs elkaar heen. Pas in de verte lagen een paar megajachten rustig voor anker.

'Is het een van die schepen daarachter?' vroeg ze.

Jerome tuurde met zijn hand boven zijn ogen tegen de zon in. 'Dat vermoed ik.'

'Weet je toevallig de naam van het schip?'

Jerome stond wijdbeens klaar om gas te geven. 'Zeker,

monsieur Said heeft een megajacht dat iedereen kent. De *Alain*.'

En terwijl Sylvie met bibberende vingers de naam intikte en naar Xavi stuurde, trok Jerome langzaam de gashendel naar achteren. De boot stoof naar voren en bonkend op de golven verdween de haven achter hen uit beeld. Het lukte haar nog net op tijd het bericht naar Xavi te versturen. Toen verloor ze het bereik en liet ze zich met vliegende vaart naar haar vader brengen.

Eenmaal in de buurt van de superjachten verminderde Jerome vaart. 'Ik denk dat het die hele grote is, achteraan.'

'Is dat niet een cruiseschip?' Sylvie schoof naar voren. 'Het heeft drie verdiepingen.'

Jerome schudde zijn hoofd. 'De *Alain* is gebouwd door een Nederlands bedrijf dat dit soort megajachten maakt. Voor honderden miljoenen euro's.'

Alain, weer de naam van haar vader. Het kon toch niet waar zijn? 'Nou, snel erheen dan.'

Jerome maakte aanstalten om opnieuw gas te geven, toen ze zag dat vanachter een ander schip ineens een speedboot met enorme vaart hun kant op kwam.

'Wacht nog even,' zei ze.

Binnen een minuut voer de superslanke boot al langszij. Een matroos in een wit uniform met blauwe pet ging op de punt staan en zette een megafoon aan zijn mond. 'Sylvie Meekes?'

'Hier!' Sylvie ging staan en zwaaide. 'Hier ben ik.'

'Wilt u opstappen? Monsieur Said verwacht u.'

'We komen,' riep Jerome terug. 'Even het anker neerlaten.'

'Alleen mevrouw Meekes.'

Sylvie stak haar duim op. 'Ik kom.'

'Nee!' Jerome pakte haar hand. 'Dat ga je echt niet doen. Je gaat niet alleen dat schip op. Absoluut niet!'

Sylvie ging op de rand van de boot staan en wuifde naar de matroos. 'Ik heb geen keus, Jerome.'

'Dat heb je altijd wel. Dit zou Hugo ook nooit goedkeuren. Of die mooie zwarte vriend van je,' deed Jerome een laatste poging, maar ondertussen liet hij haar hand al los.

'Ik heb écht geen andere keus,' herhaalde ze nog een keer. 'Mijn dochter zit op dat schip.'

Toen de speedboot een halve meter van haar was verwijderd, pakte Sylvie de hand van de matroos aan en maakte een kleine sprong de boot in. Daarna draaide ze zich nog een laatste keer om naar Jerome. 'Kijk waar deze boot heen gaat, zodat je het de politie kunt aanwijzen. Die zijn er vast snel.'

De matroos begeleidde haar zonder iets te zeggen naar een bank op de achtersteven en ging naast de kapitein achter het roer staan. Nu pas zag ze dat er een AK47 om zijn schouder hing. Onderling wisselden ze een paar woorden – het leek Arabisch – en toen schoof de kapitein de gashendel open.

Met kracht werd ze in de kussens gedrukt, haar haren wapperden om haar gezicht en de boeggolven spetterden op haar huid. Ze wilde niet naar Jerome omkijken en balde haar vuisten. Waar was ze in vredesnaam in beland? Deze Said kon toch niet haar vader zijn? Die was al bijna haar hele leven dood. En als hij miraculeus wel was blijven leven, dan zou hij toch niet zijn kleindochters iets aandoen? Dan zou hij toch veel eerder contact met haar hebben gezocht?

Sylvie schudde haar hoofd. 'Nee, dit kan niet,' zei ze hardop tegen zichzelf, maar ze voelde aan haar samengeknepen keel dat ze toch stiekem twijfelde.

Nu voeren ze om een groot jacht heen, dat van zo dichtbij wel een flatgebouw leek. Op de achtersteven zag ze in krullende letters opnieuw haar vaders naam staan en daarboven wapperde de groen-witte Algerijnse vlag. Dit was echt haar familie, dacht ze toch weer toen de speedboot aan een teakhouten vlonder aanmeerde.

'Waar is Lilou?' vroeg ze meteen toen de motor uitging. 'Lilou Joubert? Mijn dochter?'

De mannen haalden hun schouders op. '*Earabiun min fadlik*,' zei de kapitein om duidelijk te maken dat hij alleen Arabisch sprak.

Sylvie sprong de vlonder op, rende de trap op en kwam boven op een groot zonneterras uit. Luxe loungebanken, beige zonnebedden en keurig opgerolde handdoeken. Hier konden zeker twintig mensen ontspannen maar er was niemand.

'Lou,' riep ze. 'Lieverd, waar ben je?'

Ze hoorde zachte pianomuziek en liep door naar de kajuit. Het was een enorme zaal, met moderne kunst aan de wanden, een goudkleurig tapijt en fluwelen banken. Geen Lilou. Wel zag ze ook hier weer een paar crewleden in witte uniforms rondlopen. Eén stond achter een marmeren bar en hield een glas water met ijs voor haar op. Alsof ze een normale gast was die een versnapering verdiende.

'Waar is mijn dochter?' vroeg ze in het Frans, en daarna nog eens in het Engels. 'Lilou! Ik ben er.'

De man zette het glas terug op de bar en stak zijn handen vragend in de lucht.

'Eikels!' Ze keek om zich heen. 'Jullie weten heus wel wie ik bedoel. En waar is jullie baas? Monsieur Said?'

De vier mannen bleven nu met hun handen op de rug staan en zwegen. Sylvie liep op een van hen af en ging recht voor hem staan, maar hij keek met een strak gezicht langs haar heen. Ze gaf hem een harde duw. 'Hé lul, waar is je baas?'

Nog steeds geen reactie. Gefrustreerd liep Sylvie naar achteren, naar een gesloten deur, kreeg die niet open en rende toen weer naar buiten. Nu pas zag ze nog een trap die verder omhoogging en nam die met twee treden tegelijk naar boven. Ze stond ineens naast een helikopter die midden op een groot plateau stond. Twee mannen in overalls waren aan de achtervleugel aan het werk.

'Lilou,' riep ze naar ze. 'Weten jullie waar mijn dochter is? Monsieur Said misschien?'

De mannen keken allebei even op, maar zeiden niets en gingen weer verder met hun gesleutel.

'Shit, shit. Schat, waar ben je?'

Sylvie draaide een pirouette op haar hielen. Overal water, Jeromes boot kon ze al niet meer zien liggen en hier stond ze, midden op de set van een surrealistische stomme film. Haar hart ging als een gek tekeer en voor het eerst voelde ze de wanhoop opkomen. Ze ging Lilou verliezen. Hij had haar dochter vast al ergens gedumpt. En nu was ze misschien zelf aan de beurt.

'ALAIN SAID,' gilde ze. 'SAID, laat je zien!'

Maar het geluid verdween in de wind.

'Lilou... Said.' Ze bleef hun namen gillen, maar langzaam verloor haar stem aan kracht. 'Lou lieverd, waar ben je?'

Sylvie liep om de helikopter heen en zag plotseling weer een ander trapje dat naar het bovenste dek leidde. Wat een stom doolhof was deze boot. Nauwelijks meer bewust van wat ze deed, rende ze verder naar boven.

Een zwembad, whirlpool, een reeks loungestoelen en achterin een schommelbank met een slank lichaam in een felroze bikini.

'Lilou?' Sylvie rende naar de bank. Daar lag haar dochter, ontspannen op haar rug, met haar armen over haar borst gevouwen. 'Djezus Lou, lig je hier gewoon? Ik was zo ongerust!' Sliep ze? 'Lou?' Sylvie hurkte naast haar dochter en aaide haar wang. 'Lou, wakker worden. Ik ben er.'

Geen reactie.

In een reflex legde Sylvie haar hand op Lilou's borst en voelde hem licht op en neer gaan. Ze schudde aan haar schouder. 'Lieverd?'

'Die komt voorlopig niet bij kennis.'

Sylvie draaide zich met een ruk om. Daar stond hij, op nog geen drie meter afstand. Golvende, grijze haren, een gerimpelde huid, maar door zijn lange, slanke lichaam had hij toch nog een jeugdig voorkomen. Was dat hem echt?

‘Wat heb je met haar gedaan?’

Said stak zijn handen ontspannen in de zakken van zijn linnen broek. ‘Niet eens zoveel. Een beetje neusspray was al voldoende.’

Sylvie stond op en ging recht voor haar dochter staan. ‘Van wat?’

‘Fentanyl natuurlijk. Dan lijkt het in ieder geval op een overdosis.’

‘Bij je eigen kleinkind?’

Zijn donkere ogen keken haar indringend aan, spottend bijna. ‘Kleinkind? Denk je dat echt?’

‘Hou op!’ Ze sprong naar voren en stompte hem in zijn buik. Trapte tegen zijn schenen, beet in zijn hand. ‘Papa, hou op.’

Direct kwamen van alle kanten mannen in uniform op hen af gerend. Ze grepen haar polsen en voordat ze haar van hem af konden trekken, spuwde Sylvie hem nog snel vol in zijn gezicht. ‘Klootzak.’

Ze hadden haar recht tegenover hem gezet, haar handen met een touw op haar rug gebonden en haar voeten met tape aan de stoelpoten vastgemaakt. Daarna waren de drie matrozen meteen weer van het bovenste dek verdwenen.

Lilou lag nog steeds op zo'n tien meter afstand bewegingloos op de schommelbank, maar Sylvie kon nu niets meer doen. Ze kon alleen nog maar proberen tijd te rekken en hopen dat de politie er snel zou zijn.

'Dus jij denkt dat ik je vader ben?' vroeg Said en sloeg zijn benen ontspannen over elkaar. 'Ben je soms vergeten dat die in 1969 al overleden is?'

Ze schudde haar hoofd en probeerde zich in te houden. Het was beter om nu rustig te blijven, dan kreeg ze hopelijk meer informatie uit hem. 'Wie ben je dan wel?'

'Je moeders eerste liefde.'

En zonder dat ze ernaar vroeg vertelde hij in korte, staccatoachtige zinnen over hun ontmoeting in Parijs, de heftige studentenprotesten en zijn ontsnapping naar Marseille. 'De politie zat achter mij aan en ik moest direct vluchten. Zonder je moeder. In Marseille stond een neef me op te wachten. Mijn vader in Algerije bleek woedend op me te zijn. Hij had via via gehoord dat ik verliefd was geworden op een christelijke vrouw.'

'Maar wie ben jij dan?'

'Mohammed, je vaders oudste broer. Maar je moeder noemde me Mo.'

Je hebt een oom, zei Sylvie in gedachten tegen zichzelf. Tot haar schrik zag ze ook ineens gelijkenissen. De lengte, de donkere ogen van Lilou en Beau's heldere blik.

'Maar waarom doe je dit allemaal? We zijn fucking familie!'

'Wacht.' Mo hield zijn hand als een stopteken omhoog. 'Laat me eerst mijn verhaal vertellen. Daarna mag je vragen stellen.'

'Vooruit, maar met tegenzin,' zei ze, maar ze hield wel haar mond. Alles wat lang ging duren was nu positief.

'Mijn vader dacht dat jouw moeder een Française was en hij haatte de Fransen, vooral president De Gaulle. Die had na de Algerijnse onafhankelijkheid in 1962 het gehele Franse leger amnestie verleend. Ook de beulen uit de Frans-Algerijnse oorlog.' Mo staarde naar de zee en leek niet echt meer door te hebben dat ze tegenover hem zat. 'En dus ook aan de moordenaars van mijn vaders broer, die met een touw achter een Franse Jeep door zijn dorp was getrokken.'

'Dat is afschuwelijk,' zei Sylvie zacht. 'Maar mijn moeder was niet Frans.'

Mohammed knikte. 'Alleen geloofde mijn vader dat niet, want Malou is wel een Franse naam. Hij stuurde mij direct naar Amerika, zogenaamd om te studeren, maar uiteindelijk om de familie-eer te redden.'

'Waar was mijn moeder toen?' vroeg Sylvie en ze keek

ondertussen naar Lilou, die nog steeds niet bewoog. De politie kon niet ver meer zijn. Móchte niet ver meer zijn.

'Malou was vasthoudend en was met mijn broer, jouw vader dus, een dag later achter me aan gereisd,' antwoordde Mo. Zijn stem klonk nu vriendelijker, lief bijna, maar hij keek haar nog steeds niet aan. 'Het was mijn laatste avond in Marseille, maar iedereen dacht dat ik al was vertrokken. Met Alain heb ik toen geregeld dat ik 's nachts stiekem Malou kon bezoeken. We hebben toen een paar uur dicht tegen elkaar aan gelegen, als een soort afscheid.'

Sylvie keek hem onderzoekend aan. Haar moeder had dus ook van deze man gehouden. 'Dat wist ik niet.'

'Natuurlijk niet!' Plotseling verstarde Mo's houding en hij keek haar fel aan. 'Ze zal het zeker aan niemand hebben verteld, want nog geen maand later lag ze met mijn broer in bed. De slet.'

Haar buik trok samen. Na alles wat hij had veroorzaakt, had hij ook nog het gore lef om haar moeder zwart te maken. Maar ze moest zich inhouden, de politie was er bijna. 'Misschien zocht ze troost bij mijn vader, omdat ze jou miste.'

Mo lachte schamper. 'Missen? Nou nee hoor, binnen twee maanden was ze zwanger en had ze ook Alains reputatie nog verwoest. De hoer.'

Sylvie slikte haar emoties weg. 'Heb je het daarom gedaan? Probeer je daarom mijn familie een voor een kapot te maken? Alleen maar omdat mijn moeder jullie familienaam heeft besmeurd?'

'Nee, dat zou inderdaad te kinderachtig zijn.' Mo stond op, liep naar de reling en draaide zich weer om. 'Maar vorig jaar kreeg ik een nog veel verontrustender bericht. Een verre neef kwam in New York op bezoek en vertelde wat Malou echt had gedaan. Toen kon ik jullie bestaan niet langer negeren en ik heb die avond op Alains foto gezworen hem te zullen wreken. Het leek ineens alsof ik alleen maar zo rijk was geworden om alles wat Malou had achtergelaten kapot te kunnen maken.'

'Dus jij was het al die tijd?' Sylvie hapte naar adem.

Mo knikte.

'Die Martin hoort bij jou?'

Weer knikte hij.

'Hugo's chantage? De bedreigingen? Het metro-ongeluk?'

'Alles,' zei Mo, bijna met trots in zijn stem. 'Geld maakte het zo makkelijk. Echt iedereen is te koop. Ook agenten, hoor. Geen probleem. En ik had de tijd.'

'Maar als je zo je best hebt gedaan om te verbergen dat je hierachter zit, waarom vertel je me dan nu wel alles?'

Mo leunde over de reling en keek naar beneden. 'Hoe diep zou het hier zijn? Kun je goed zwemmen?'

'Shit,' fluisterde Sylvie tegen zichzelf. Ineens vielen alle stukjes van de puzzel in elkaar. Haar dierbaren wilde hij angst aanjagen en hun dromen en reputaties verwoesten, maar met haar had hij heel andere plannen. Hij wilde haar hier echt vermoorden. Gewoon, even achteloos over de reling gooien.

Verdomme, waar bleef de politie? Blijf tijdrekken, stel een vraag. 'Je wist dus al die tijd van ons bestaan?'

'Natuurlijk.' Mo keek haar nu weer recht aan. 'Ik ben zelfs een keer bij jullie boerderij in Lochem geweest en toen je afstudeerde aan Cordon Bleu stond ik aan de overkant van de straat. Ik baalde enorm toen je met Hugo trouwde. Wat een lapzwans.'

Beelden van die momenten flitsten door haar hoofd. 'En bij de geboorte van de tweeling...?'

'Zat ik in de wachtkamer,' vulde Mo aan.

'Maar waarom deed je dat dan? Als je ons zo haat?'

Mo snoof. 'Je blijft familie. Mijn enige nicht.'

'Ik begrijp het niet.' Sylvie schudde haar hoofd. 'Wat was dan zo vreselijk om te horen waardoor je besloot ons alsnog te verwoesten?'

'Ik weet eigenlijk niet of jij het zelf wel weet.' Mo liep weer naar haar toe. 'Maar die hoer van een moeder van je heeft mijn broer vermoord. Door moedwillig een ravijn in te rijden. Vol gas, er waren geen remsporen te bekennen.'

'Denk je dat?' Sylvie veerde op. 'Maar zo is het niet gegaan. Ik...'

'Natuurlijk wel!' riep hij in haar gezicht. Zijn felle ogen leken bij haar naar binnen te branden. 'Je moeder is een moordenaar, en eindelijk kan ik voor mijn broer de cirkel rond maken.'

'Nee, mijn moeder is echt onschuldig. De remmen...'

Mo begon hard te lachen. 'Hou op, zeg. Het is nu echt klaar.'

Hoorde ze daar een helikopter? Blijf tijdrekken, galmde door haar hoofd. 'Hoe wil je dat dan doen? Ze zullen je toch meteen verdenken?'

'Lilou valt stoned overboord, als wanhopige moeder spring jij erachteraan en wij doen natuurlijk alles om jullie te redden. Helaas, tevergeefs.'

Het ronkende geluid kwam dichterbij en ze zag een helikopter naderen. Ineens herinnerde ze het zich weer. De foto van de politieverklaring.

'Ik heb bewijs op mijn telefoon.' Sylvie praatte zo snel mogelijk. 'Van de moord. Mijn moeder en jouw broer zijn vermoord.'

'Wat een onzin.'

'Nee, echt. De foto is van een politieverklaring. De remmen waren doorgesneden.'

Mo's gezicht verstarde en zijn blik keerde naar binnen. 'Maar hij zou nooit...'

De helikopter hing nu naast de boot. Zeewater spetterde over het dek. '*Dit is de politie,*' klonk een mechanische stem en ze zag een agent in de opening van de helikopter zitten.

'Wie was het?' riep ze over het geluid van de wieken heen. 'Mo, wie heeft het gedaan?'

'Mijn vader,' antwoordde Mo, maar hij leek vooral tegen zichzelf te praten. 'Nee, die zou toch niet echt Alain hebben vermoord? Nee, dat kan niet. Nee...'

'*Meneer Said, u staat onder arrest. Hou uw handen boven uw hoofd,*' klonk de stem weer. '*Doe nu een stap naar achter.*'

'Mo, mijn telefoon ligt op de stoel naast me,' riep Sylvie boven het oorverdovende geluid van de helikopter uit. 'Daarop staat een foto van die verklaring. Echt waar, de remmen waren doorgesneden. Doe dus nu een stap terug. Het is allemaal niet meer nodig.'

'Heb je echt een foto?' vroeg Mo.

'*Meneer Said, doe onmiddellijk een stap naar achteren.*'

'Op je telefoon?'

Voordat Sylvie hem kon waarschuwen, deed Mo een stap naar voren en boog zich voorover naar haar telefoon. Een knal klonk, en meteen daarna nog een. Mo keek haar even met opengesperde ogen aan en viel toen bloedend op haar schoot.

Epiloog

'Dit is echt zo bijzonder,' fluisterde Xavi en legde een hand op haar schouder. Sylvie zei niets maar vlijde haar wang tegen zijn vingers. Op het grote scherm gaf Pierre haar de sleutel van haar moeders dressoir.

'We hebben het laatje nooit opengemaakt,' klonk Pierres zachte stem door de zaal. 'Ik denk dat we altijd ergens bleven hopen dat je terug zou komen.'

Samen met 2439 anderen keek ze naar de Netflix-documentaire *A turbulent year,* maar Sylvie had net zo goed in haar eentje in het Debussy-theater kunnen zitten. De beelden die het afgelopen uur voorbij waren gekomen vormden een visueel dagboek van het moeilijkste en mooiste jaar uit haar leven. De revalidatie van Beau die maar geen gevoel terugkreeg in haar been, Lilou die worstelde met de gevolgen van de overdosis en Hugo die na zijn vlotte herstel had bekend niet alleen een maîtresse maar zelfs een tweede gezin in Marseille verborgen te hebben gehouden. Wat de chantage uiteindelijk beter verklaarde.

Maar ook de verrassende vriendschap met Jerome die haar hielp Les Jumelles weer op te bouwen, de inwoners van Saint-Tropez die figuurlijk om haar heen waren gaan staan en de cynische grappen van Louis en Gabriel over de rampspoed in haar leven, waren te zien. Vooral de kreet 'la chef catastrophique', werd met veel gelach ontvangen.

De brief van haar moeder aan Mo verscheen in beeld, die Sylvie in het geheime laatje had gevonden. 'Waarom je zo plotseling uit mijn leven bent verdwenen zal ik nooit begrijpen,' las Sylvie zelf op het scherm voor. Ze hoorde nu pas dat haar stem trilde. 'Maar ik weet dat je die laatste avond in Marseille wel afscheid van me hebt genomen. Alain heeft het me recent pas opgebiecht. Die stille uren met jou tegen me aan zal ik blijven koesteren.'

Een collectieve zucht gleed door de zaal en Sylvie schoof heen en weer op haar stoel. Hoewel Netflix heel zorgvuldig te werk was gegaan, bleef deze intieme tentoonstelling van haar privéleven toch confronterend. Regisseur Che Zoranksy had haar zeggenschap over de selectie van scènes gegeven en tot het laatst had ze getwijfeld of ze er wel goed aan deed om zoveel van zichzelf te laten zien. Maar Lilou had haar het zetje gegeven dat ze nodig had om er vol voor te gaan. 'Dankzij die documentaire kun je hier iets goeds van maken mam,' had ze gezegd. '*When life gives you lemons, make lemonade* en zo.'

Dat de film meedong in de *L'oeil d'or*-competitie van het Cannes Filmfestival had ze natuurlijk vooraf nooit kunnen bedenken. Ze boog wat naar voren en keek de eerste rij langs. Aan de zijkant zat haar advocaat Buffont, met naast zich zijn vrouw in een elegante *petite robe noire*, daarnaast Jerome in een roze pak en vervolgens Louis en Gabriel in identieke blauwe smokings en Gretl in een broek met gaten, maar wel met een glitterpruik op. Naast Sylvie zaten haar beide dochters, Lilou in een zilverkleurige smoking en Beau ondanks haar brace in een kort, felrood jurkje. Achter hen zaten hun mannen, die letterlijk ruggensteun gaven. Adam, Patrick en Xavi. Hugo had ze wel uitgenodigd maar ze had hem niet zien zitten. Sinds hij vorige maand was vrijgekomen, vertoonde hij zich nauwelijks meer in het openbaar.

'Gaat het mam?' Beau pakte haar hand. 'Best heftig hè.'

Sylvie knikte, trok haar zijden jurk recht en pakte ook Lilou's hand. 'Nu wordt het even heel erg zwaar.'

Televisiebeelden van de politieactie op Mo's boot flitsten voorbij en krantenkoppen over zijn proces schoten over het scherm. Daarna kwam de ingang van de Baumettesgevangenis langzaam in beeld. Sylvie werd gefilmd terwijl ze via de zwaarbeveiligde ingang en een vieze binnenplaats de bezoekersruimte binnenliep.

'Wat is het hier koud,' hoorde ze zichzelf mompelen terwijl ze achter een tafeltje met een glazen scheidingswand ging zitten. Ze friemelde aan een enveloppe en was duidelijk nerveus. Daarna kwam haar oom het beeld in lopen, voorovergebogen, zijn handen geboeid en zijn blik naar beneden gericht. Pas toen hij haar zag zitten, klaarde zijn gezicht op.

'Mijn lieve nichtje,' fluisterde hij terwijl hij tegenover haar ging zitten. '*Ça va*?'

'Prima, en met jou?'

Mo haalde zijn schouders op. 'Het is hier best.'

'Heb je nog last van je been?'

Mo schudde zijn hoofd en zweeg. Het ongemak van de stilte tussen hen was ook voelbaar in de zaal. Sylvie hoorde geroezemoes om haar heen en ze glimlachte. Dit hoopte ze te bereiken, dat kijkers voelden dat niets zwart of wit was, maar dat er altijd een grijs gebied overbleef waarin mensen met elkaar konden blijven praten. Wat er ook was gebeurd.

Een close-up van haar hand met de brief, waarbij zelfs het geritsel van het papier hoorbaar was.

'Deze was voor jou.' Sylvie vouwde de brief open en hield hem tegen het glas aan. 'Mama heeft die vlak voor haar dood geschreven.'

Een prelude van Chopin klonk zacht op de achtergrond terwijl Mo's blik over de regels gleed. De camera zoomde kort in op een traan die uit zijn ooghoek rolde en draaide toen naar de oude klok die in de ruimte hing. Terwijl de seconden langzaam wegtikten, kwam de aftiteling in beeld.

Even bleef het doodstil in de zaal en Sylvie kneep hard in haar dochters handen, maar toen het scherm helemaal zwart werd klonk er een luid applaus. Om haar heen barstten gejoel en gejuich los en mensen stonden op uit hun stoel. 'Briljant,' hoorde ze hen roepen.

‘Gefeliciteerd lieverd,’ klonk Xavi’s stem achter haar en ze voelde een kus in haar nek. ‘Zo trots op je.’

Zoranksy en de drie producenten van Netflix werden op het podium geroepen en gevraagd waarom ze deze documentaire als een speelfilm hadden gedraaid.

‘We wilden laten zien dat elk leven, dus ook een succesvol leven, zijn eigen geschiedenis kent.’ Zoranksy wees naar Sylvie. ‘En dat als de bodem onder je bestaan wegvalt, je niet neer hoeft te storten.’

Nadat de presentator had gevraagd hoe Zoranksy zijn kansen op de *L’oeil d’or* inschatte en hij beleefd had geantwoord dat die vast nihil waren, werd het zaallicht ineens gedoofd. Alleen een spotlight maakte nog een kleine lichtcirkel op het podium en uit de coulissen kwam een kleine vrouw tevoorschijn. Haar zwarte haren waren keurig in een wrong gedraaid, haar handen zaten onder de henna en ze droeg een lange, donkere jurk.

Zoranksy wachtte tot de vrouw naast hem kwam staan en sloeg een arm om haar heen. ‘Maar vanavond draait natuurlijk niet om ons. We staan hier om iemand te bedanken die veel moed heeft getoond. Die zo dapper was om ons heel dichtbij te laten komen in haar wereld. We zagen haar toewijding aan haar familie en ook het verdriet van verlies.’

Een tweede lamp sprong aan, recht op Sylvie, en ze knipperde tegen het felle licht.

‘Sylvie, wil je hierheen komen?’ vroeg Zoranksy. ‘We hebben een verrassing.’

Met alle kracht die ze had, wilde ze in haar stoel blijven zitten, maar haar dochters trokken haar tegelijk omhoog.

'Kom op mam,' zei Beau.

'Je hebt het verdiend,' vulde Lilou aan.

De zaal begon al te klappen en Sylvie draaide zich snel om naar Xavi, die haar ook bemoedigend toeknikte. 'Ik hou van je,' mimede hij. '*Allez*.'

Toen pakte ze de sleep van de jurk en liep toch het podium op.

'Mag ik je voorstellen?' vroeg Zoranksy. 'Aan Mariam Said, je achternicht.'

De vrouw liep meteen op haar af, omhelsde haar stevig en fluisterde in haar oor: 'Je moeder was ook zo dapper, je zou trots op haar zijn geweest. Net als zij op jou.'

Dankwoord

In elk boek van Kiki zitten ook details van mijn eigen leven. Pas als je je persoonlijke geschiedenis (er)kent, kan je echt in het heden leven. Dat maakt schrijven zo bijzonder. Ik wil graag iedereen bedanken die dat mogelijk maakt. Mijn redacteur Lotte en de rest bij Xander Uitgevers, mijn agenten Willem en Paul, mijn gezin, familie en vrienden (oud en nieuw).

HET PARADIJSELIJKE BALI VERBERGT DONKERE KANTEN

Cita's dochter Evi verblijft al een tijdje op het paradijselijke Bali. Wanneer blijkt dat Evi 24 uur wordt vermist, neemt Cita halsoverkop het vliegtuig naar de plek waar ze als jong meisje veel tijd doorbracht. Eenmaal op het eiland wordt het pijnlijk duidelijk dat Cita de band met Evi door de jaren heen behoorlijk heeft verwaarloosd. Haar dochter blijkt er op het idyllische eiland een voor haar totaal onbekend leven op na te houden. Cita belandt in een zenuwslopende reis door het Bali dat voor toeristen verborgen blijft. Wie zit er achter de verdwijning van Evi en is Cita nog op tijd om de band met haar dochter te herstellen?

ONTDEK DE DUISTERE KANT VAN
HET ZONNIGE ZUID-FRANKRIJK

Jacky's leven wordt ruw verstoord door het bericht dat haar zus Christine na een nare val in coma is geraakt. Halsoverkop vliegt ze naar haar geboorteplaats Nice, waar Christine een makelaarskantoor runt. Wakend bij haar zus beseft Jacky dat ze hun mysterieuze familiegeschiedenis niet langer kan negeren, zeker wanneer blijkt dat er mogelijk opzet bij de val in het spel was. Jacky begint aan een confronterende zoektocht en wordt gedwongen opnieuw te kijken naar de mensen die ze dacht te kennen. Het zonnige Nice laat zich van z'n donkerste kant zien…

IJSKOUDE RILLINGEN
GEGARANDEERD MET WINTERBERG

Roos is toe aan een break en nodigt haar twee beste vriendinnen uit voor een weekendje skiën in Winterberg. Ze verblijven in het knusse Hotel Bremberg, waar Roos als kind regelmatig kwam. Het hotel is niets veranderd en ze voelt zich er meteen weer op haar gemak. Hun verblijf wordt nog leuker als ze gezelschap krijgen van sportjournalist Frank, met wie Roos direct een klik voelt. Maar dan breekt een hevige sneeuwstorm uit en de gasten mogen het hotel niet verlaten. De volgende ochtend blijkt Roos spoorloos verdwenen. De plaatselijke politie gaat uit van een ongeluk, maar Frank vertrouwt het niet. Wat heeft het hotel en de rest van Winterberg te verbergen en hoe kan hij op tijd achterhalen wat er met Roos is gebeurd?

DUIK MET TARIFA IN HET SURFWALHALLA VAN ZUID-SPANJE

Liv en Alex, een succesvol stel dat festivals organiseert, besluiten te gaan relaxen in hun geliefde surfstad Tarifa. Als Liv na hun eerste avondje 's nachts wakker wordt, blijkt Pepijn niet in zijn bed te liggen. Het stel begint aan een zenuwslopende zoektocht naar hun zoon. Maar dan gebeurt er iets waardoor Livs leven voorgoed verandert. Ze ontdekt dat achter het bruisende stadje dat ze zo goed dacht te kennen een gewelddadige en donkere wereld schuilgaat. En dat niemand, zelfs de mensen die het dichtst bij haar staan, zomaar te vertrouwen is.

IN GSTAAD VERSCHUILT DE ELITE ZICH ACHTER EEN IJSKOUDE, LEVENSGEVAARLIJKE FAÇADE

De introverte journalist Puck belandt op een persreis naar Zwitserland in het mondaine skioord Gstaad, waar de oude adel en steenrijke Russen zich verzamelen in de besneeuwde straatjes en chique hotels. Ze verveelt zich stierlijk, totdat de directrice van de elitaire kostschool wordt vermoord. Als Puck voor de krant op onderzoek uitgaat, raakt ze verstrikt in een web van leugens en verraad. Het wordt nog ingewikkelder als haar ex Matz plotseling opduikt. Wat weet hij, en wat wil hij van haar? Om de duistere waarheid te achterhalen, moet Puck haar eigen leven op het spel zetten…

STORMACHTIGE SPANNING OP HET GLAMOUREUZE EILAND

Charlie gaat voor haar werk als reisblogger een paar nachten naar een glamping op Vlieland. Op het eiland wil ze Sytze interviewen, de eigenaar van een nieuwe bierbrouwerij. Hij is echter bot en ongeïnteresseerd, en Charlie krijgt vreemde reacties als ze wat mensen naar hem vraagt. Dan wordt het bebloede lichaam van een meisje gevonden. Sytze wordt onmiddellijk verdacht, en als er nog iemand verdwijnt weet iedereen het zeker: hij is de dader. Door een zomerstorm wordt Charlie gedwongen om op het eiland te blijven en ze besluit zelf op onderzoek uit te gaan, met gevaar voor eigen leven…

EEN GRUWELIJKE NACHTMERRIE IN DE GLINSTERENDE WERELDSTAD

Mika werkt als sportjournalist in Rotterdam en besluit op kerstavond naar Parijs te vertrekken. Ze maakt zich zorgen om haar tweelingzus Abby, die daar sinds een jaar woont, maar die ze al een paar dagen niet kan bereiken. In de besneeuwde lichtstad lijkt Abby van de aardbodem verdwenen. Mika begint een wanhopige zoektocht en ontdekt een aantal onbekende kanten van haar zus, die een heel ander, gevaarlijker leven leidde dan Mika ooit had kunnen vermoeden. Als ze daarna een gruwelijke ontdekking doet, weet ze niet meer wie er uit het nieuwe leven van haar zus nog te vertrouwen is. En of ze zelf nog wel veilig is…

LEVENSGEVAARLIJKE GEHEIMEN IN DE PRACHTIGE OUDE STAD

Kunstrestaurateur Clea wisselt haar werk aan wereldberoemde schilderijen af met een roerig nachtleven. Als ze door haar oud-klasgenoot Tanya wordt gevraagd voor een geheimzinnige opdracht in Florence, kan ze het gevoel van avontuur niet weerstaan. Maar van flaneren langs oude palazzi en gezellige trattoria's is geen sprake: achter alle kunst en romantiek gaat een levensgevaarlijk complot schuil. Bovendien blijkt Tanya spoorloos verdwenen. Als Clea niet heel snel besluit wie ze kan vertrouwen, zou het prachtige Florence weleens haar allerlaatste bestemming kunnen zijn…

EEN HUIVERINGWEKKEND KAT-EN-MUISSPEL IN EEN IJSKOUDE WERELDSTAD

De Nederlandse journalist Kate woont met haar zoon al jaren in Londen. Om rond te kunnen komen na haar scheiding moet ze keihard werken, dus maakt ze voor haar Instagramkanaal elke dag zoveel mogelijk paparazzifoto's van celebrity's. En met succes: haar volgersaantal blijft maar stijgen. Maar dan worden er vips vergiftigd – soms zelfs met een dodelijke afloop. Er lijkt er een link te zijn met het account van Kate, en plotseling keert de online-wereld zich tegen haar. Kate moet er zo snel mogelijk achter komen wie haar verdacht probeert te maken. Een levensgevaarlijk kat-en-muisspel volgt, waarin ze niemand meer zomaar kan vertrouwen...